AQUIS SUBMERSUS

Theodor Storm

Edited by
PATRICIA M. BOSWELL

Bristol Classical Press

First published by Basil Blackwell Ltd., 1974

This edition published in 1992 by
Bristol Classical Press
an imprint of
Gerald Duckworth & Co. Ltd.
The Old Piano Factory
48 Hoxton Square, London N1 6PB

A CIP catalogue record for this book is available
from the British Library

ISBN 1-85399-289-5

Printed in Great Britain by
Booksprint, Bristol

CONTENTS

NOTE ON THE TEXT

Two separate handwritten drafts of *Aquis submersus* have been preserved, a first draft on folio sheets with many alterations and a later fair copy, neatly written on octavo pages with few alterations apart from a notable change of ending. The *Deutsche Rundschau* version (see below, p. lii) follows the fair copy, which differs considerably in wording from the first draft. The 1877 book edition in turn differs from that in the *Deutsche Rundschau,* since Storm had made alterations in particular to the rhythm of his sentences in places, following the advice of his friend Wilhelm Petersen. Other corrections are noted in his correspondence with the firm of Paetel. Storm also read the proofs of the reprint of *Aquis submersus* in *Vor Zeiten,* and considered certain alterations for this edition. It is thus possible to trace the growth of the text of *Aquis submersus* through its various stages, and this has been done for the present edition. Storm was very concerned that the finished product should exactly correspond to his wishes, not only in the actual text, but in the printing and binding as well. Yet in spite of the trouble he took to ensure that this was so, there are still slips and errors even in the texts published in his lifetime. Albert Köster strove in his critical edition of Storm's works to eradicate as far as possible such corruptions and to rescue the text as Storm wished to see it. Peter Goldammer in his recent edition of Storm's works has followed largely that of Köster. The text which follows is that of Goldammer. Some of the more significant variant readings in the four versions of the *Novelle*—the first and second handwritten drafts, the *Rundschau* text, and the 1877 book edition—are given in the Notes. Storm's attempted endings for *Aquis submersus* in the handwritten drafts are printed in full in Clifford A. Bernd, *Theodor Storm's Craft of Fiction.* The two manuscript versions of the *Novelle* are today in the Schleswig-Holsteinische Landesbibliothek, Kiel.

The "Aquis submersus" house, formerly in the market-
place in Husum, from an old drawing.

The memorial to the Bonnix Family in the church at Drelsdorf.

INTRODUCTION

STORM'S LIFE AND WORKS

HANS THEODOR WOLDSEN STORM was born into a respected and long-established family in the town of Husum in Schleswig-Holstein in 1817. His father was a lawyer, his mother's family belonged to the old Husum patriciate. Storm was very proud of his heritage. He was educated in his home region, at the *Gelehrtenschule* in Husum, the *Katharineum* in Lübeck, and as a law-student at the university of Kiel; then he spent three homesick terms in Berlin. He returned to Husum in 1843 to take up his father's profession and in 1846 he married his cousin Constanze Esmarch. Very early on the marriage underwent a stormy passage in 1847–8, when Storm fell violently in love with a young family friend, Dorothea Jensen; but propriety prevailed, and he settled down again to his quiet, affectionate life together with Constanze, with close-knit family ties and a pleasant social life. And so it would doubtless have continued if the political troubles of Schleswig-Holstein, which was struggling for unity and independence against the threat of Danish annexation, had not intruded into Storm's personal life. Although a "wenig politischer Mensch", he was an ardent patriot, and when Schleswig eventually came under Danish military occupation in 1851 he made no attempt to conceal his opposition. Such an attitude could not be tolerated in a man of public position, and he was accordingly removed from his post in 1852. The next eleven years he spent with his steadily growing family in "exile", first in Potsdam and then in Heiligenstadt, a period which was, in spite of his acute homesickness for Husum, both happy and productive. His homecoming in 1864, at the invitation of the people of Husum to be their *Landvogt* after the Danes had been driven out of Schleswig, was marred by the death of Constanze from childbed fever in 1865. Partly to provide a mother for his seven children, partly to assuage his own loneliness, Storm married Dorothea Jensen, who, from a distance, had remained faithful to him, in 1866; it had been Constanze's wish. The rest of his life he spent as a highly respected citizen and man of letters and a devoted family man in Husum and, after his retirement in 1880, in Hademarschen in Holstein. He died at his home in Hademarschen in 1888, and is buried in the family vault in the cemetery of St. Jürgen in Husum.

From 1851, when Storm first made his mark on the literary scene with his collection of poems and stories, *Sommergeschichten und Lieder*, he continued to produce, first mainly poems, but increasingly *Novellen*, until his death. Although his writing was a financial as well as a temperamental necessity for him—he had to provide for eight children, five of them daughters—and although his stories (nearly fifty of them) are of uneven quality, he was never slipshod, always anxious to achieve a high artistic standard —Keller called him a "stiller Goldschmied und silberner Filigranarbeiter". His habits of life and mind are reflected in his work. *Immensee* (1850), which brought him early acclaim, remained the most popular of his *Novellen* during his lifetime, and is probably still his most widely read. Its unusual composition—a succession of selected "Situationen", charged with "Stimmung", within a reminiscing frame—enables Storm to give a poetic and idyllic recreation through memory of moments from the past, which, however, themselves provide insights into the problematic, even tragic, nature of life. For Storm's characters are "estranged" within their real world, utterly isolated in their individual exposure to fate and death. The best of the *Novellen* of Storm's early and middle years, such as *Auf dem Staatshof* (1859), *Im Schloß* (1862) and *Auf der Universität*

(1863), show him exploring the possibilities of his characteristic form and his favourite subject, unfulfilled love. They are delicately conceived, rather fragile works, restrained, even unexplicit in expression, and characterized on the whole by a gentle and resigned melancholy. But in *Draußen im Heidedorf* (1872) there is "ein ganz neuer Storm"; the dark passions which were hitherto only hinted at under the idyllic surface erupt, the scenes are more dramatic, the whole less "poetic", more "realistic". The characters, too, are more actively engaged in their own destinies. This *Novelle*, which was inspired by an incident out of Storm's duties as *Amtsrichter,* opens the period of his maturity; in the *Meisternovellen* which follow there seems to be a gradual shift of emphasis from withdrawal from life to involvement in it. They are much more tightly composed around a central conflict, and, although certain key scenes are highlighted, the texture of the *Novellen* is denser. Storm continues to write about private experiences and emotions, and to find his material very close at hand, but its interest is more general. For instance the early tensions of his own second marriage, which arose from the problems of a stepmother and were resolved, in life and in the *Novelle*, only on the birth of her own child, produced one of his most popular works, *Viola tricolor* (1874), which is in composition and psychological insight also one of his best. Although also originating in a family problem, namely the anxiety caused by his son Hans, a victim of heredity in the form of the "Familienschuld des Trunkes",[1] which found its most compelling expression in *Carsten Curator* (1878), nevertheless Storm's interest in alcoholism and heredity shows him in his work to be abreast of the trends of the time. The father-son conflict again inspired one of his finest *Novellen, Hans und Heinz Kirch* (1882). In general an increasing awareness of the

[1] Storm to his daughters Lucie and Elsabe, 14 April 1885, manuscript, Schleswig-Holsteinische Landesbibliothek.

problematic aspects of bourgeois society and its institutions (including marriage and the family) is observable in Storm's later work. But even here he seeks to present "die poetische Wahrheit", and regards his subjects as posing ethical rather than sociological questions. *Ein Doppelgänger* (1886), which treats the problems of readjustment of an ex-convict into society, and *Ein Bekenntnis* (1887), dealing with euthanasia, are interesting examples. His last completed *Novelle, Der Schimmelreiter* (1888), written whilst Storm was fighting the cancer which killed him, and regarded by many as his finest, gives their profoundest statement to some of his major themes—the relations of the individual within his family and his community, the confrontation of the rational and the irrational in human experience, the extent to which the individual, especially the creative individual, can exercise some control over his destiny. It represents at the last a splendid assertion of the dignity and potentiality of man despite a deeply tragic view of life. The chronicle *Novellen*, all products of Storm's maturity, show him in perhaps his most characteristic and unique mood, preoccupied with man's unequal struggle against fate, especially as manifested in the mutability and transitoriness of all things human.

Aquis submersus: SOURCE AND INSPIRATION

Die Novelle, wie sie sich in neuerer Zeit, besonders in den letzten Jahrzehnten, ausgebildet hat und jetzt in einzelnen Dichtungen in mehr oder minder vollendeter Durchführung vorliegt, eignet sich zur Aufnahme auch des bedeutendsten Inhalts, und es wird nur auf den Dichter ankommen, auch in dieser Form das Höchste der Poesie zu leisten. Sie ist nicht mehr, wie einst, „die kurzgehaltene Darstellung einer durch ihre Ungewöhnlichkeit fesselnden und einen überraschenden Wendepunkt darbietenden Begebenheit"; die heutige Novelle ist die Schwester des Dramas und die strengste Form der Prosadichtung. Gleich dem Drama behandelt sie die tiefsten Probleme des

Menschenlebens; gleich diesem verlangt sie zu ihrer Vollendung einen im Mittelpunkt stehenden Konflikt, von welchem aus das Ganze sich organisiert, und demzufolge die geschlossenste Form und die Ausscheidung alles Unwesentlichen; sie duldet nicht nur, sie stellt auch die höchsten Forderungen der Kunst.

This well-known definition of the *Novelle* is taken from a preface Storm wrote in 1881 and intended as an introduction to volume 11 of his complete works.[2] This volume contains *Aquis submersus*.[3] None of Storm's *Novellen* could better demonstrate either his conception of the form or his own mastery of it. Successful in so many ways—as an example of the use of historical sources, as a still valid piece of social criticism, as a record of human passion and tragic experience and, most uniquely, as a chilling and disquieting depiction of man's ineffectual struggle against the ravages of time, for this is its unifying theme—, *Aquis submersus* is perhaps distinguished most of all by its formal excellence. Here Storm's characteristic choice of a *Rahmenerzählung* is particularly apt. The organization of his material, too, is masterly, giving a highly concentrated work in which every detail relates directly to the central theme. Small wonder that Storm, who set high store by harmony of form and content, was unimpressed when a misguided admirer rewrote the *Novelle* in "245 gereimte 6zeilige Strophen"; for, as *Aquis submersus* convincingly demonstrates, "das Künstlerische besteht ja wesentlich in der Formgebung".[4]

Storm has left several accounts of the experience which led to the *Perpendikelanstoß* for *Aquis submersus*. On 20 June 1876 he answered his friend Paul Heyse's enquiry:

[2] Theodor Storm, *Sämtliche Werke*, ed. Peter Goldammer, 3rd edn, Berlin & Weimar 1972, vol. 4, pp. 618-19. The Preface was withdrawn by Storm before publication on the advice of his friends because of its partly polemical character.

[3] *Theodor Storms gesammelte Schriften*, Braunschweig, 1868-89.

[4] Storm to his son Karl, 16 December 1876, manuscript, Schleswig-Holsteinische Landesbibliothek.

Du fragst, woher die Motive?

Vor ein paar Jahren sah ich bei einem Besuche bei meinem
Schwager Pastor Feddersen in dem 2 Ml. von hier liegenden
nordfriesischen Dorfe Drelsdorf . . . in der alten Kirche die
schlecht gemalten Bilder einer alten dortigen Predigerfamilie.
Der eine Knabe war noch einmal als Leiche gemalt, ob mit
einer u. welcher Blume, entsinne ich mich nicht. Unter diesem
Todtenbilde standen, oder stehen noch, die merkwürdigen,
harten Worte:

„Incuria servi aquis submersus."

Hinter dem Pastorate war noch eine Koppel mit einer Wassergrube; wahrscheinlich hatte der Knecht den Knaben dort
ertrinken lassen.

Dieß Bild ist mir immer von Neuem nachgegangen. Da,
vorigen Herbst fuhr ich zu einer Erbschafts-Inventur ein paar
Meilen über Land, und während ich allein im Wagen lag, stieg
die Geschichte in ihren wesentlichen Theilen vor mir auf; dann
habe ich sie langsam, nur die besten Morgenstunden daran
wendend, während 5 Monaten fertig geschrieben.

Alles außer dem Obigen, an Vorgängen u. Menschen, ist
absolut erfunden, d.h. außer einigem unserer Stadtchronik u.
Kieler u. Hamburger Nachrichten entnommenen cultur-
historischem Drumherum.—Die Dorfkirche in der Dichtung ist
übrigens die des unweit Husum belegenen Dorfes Hattstedt,
wohin ich, wie in der Einleitung geschildert, oft mit dem Pastor-
ensohn hinausging. Die Localitäten, Haus u. Priesterkoppel etc.
sind nicht so dort vorhanden.[5]

A few months later he wrote to Albert Nieß:

In einer benachbarten Dorfkirche sah ich vor einigen Jahren ein
großes Oelbild, in vier Fächern die Familie eines dortigen
Predigers aus dem 17. Jh. darstellend, die beiden Eheleute nebst
Sohn und Tochter. Unter dem Bilde des zehnjährigen, in ganzer
Gestalt gemalten Knaben standen die Worte:

Incuria servi aquis submersus.

Unweit davon hing das Bild desselben Knaben auf dem Todten-

[5] Storm to Paul Heyse, 20 June 1876, *Theodor Storm—Paul Heyse
Briefwechsel*, ed. Clifford A. Bernd, Berlin, 1969 f., vol. II, p. 19.

bett. Hinter dem Hause des Predigers befand sich eine Koppel mit einer Wassergrube, wo der Knabe ertrunken sein soll.[6]

These two accounts, though similar, are by no means identical, particularly in Storm's remarks about the pictures; and the confusion which apparently existed in Storm's mind or memory has prevailed in much that has been written on *Aquis submersus* since. How many pictures did Storm see? Where was the inscription, and what was its actual wording? The most recent research, after sifting through much evidence of differing kinds, concludes that he saw only one picture, the four-part epitaph of the family of the seventeenth-century pastor Georgius Bonnix (see plate between pp. viii and ix), which still hangs in the church at Drelsdorf after its temporary removal in consequence of the fire in the church-tower on 10 September 1870.[7] A later restorer discovered just how roughly it had been treated. But at least it has been preserved, and one can still see today where Storm's inspiration arose. This epitaph, unusually grandiose for a village church, consists of four pictures on canvas and similarly framed, arranged in a row within a carved and gilded framework. All bear an inscription. From left to right they represent the pastor's seventeen-year-old daughter Dorothea, the pastor himself, his wife and their ten-year-old son. The little boy Henricus appears in a full-length portrait, dressed in black and holding a red carnation in his right hand. At his feet is the inscription:

Henricus Bonnix Aquis Incuria Servi Submersus
Obyt Ao 1656 7 May Aetatis 10.

Storm in his two letters also mentions another picture of

[6] Storm to Albert Nieß, 5 October 1876. Quoted from the original in the Stadtbibliothek Braunschweig.
[7] Karl Friedrich Boll, "Das Bonnixsche Epitaph in Drelsdorf und die Kirchenbilder in Theodor Storms Erzählung ‚Aquis submersus'", *Schriften der Theodor-Storm-Gesellschaft*, 14, 1965, pp. 24–39.

this boy, and indeed such a picture of the child on his deathbed certainly existed in the church. It too was wrenched from the wall during the fire in 1870, and taken with other church treasures to a barn for safety; but, unlike the epitaph, it then vanished without trace. Whether Storm actually saw it has thus aroused considerable speculation, and the most recent consensus of opinion is that he did not. He, however, seemed to think that he did, and a later note which he made available to his younger friend, the literary historian Erich Schmidt, in September 1881, indicates that he still held this conviction after learning of the disappearance of the picture in the fire (which, though, is wrongly dated):

„incuria servi" steht auf dem Rahmen des Bildes, auf einem holzgeschnitzten Bande, das Bild eines finster blickenden Geistlichen gehört der Dichtung an. In der Kirche zu Drelsdorf (Schleswig) ist noch in großem in 4 Abtheilungen getrennten Rahmen aus der ersten Hälfte des 17. Jhs zu sehen: als lebensgroße Kniestückbilder ein ehrenfest und wohlwollend blickender rothlichblonder stattlicher Pastor Andreas Bonninx u. dessen Ehefrau; an der einen Seite in voller Figur der etwa 10jährige Knabe, mit der qu. Umschrift im Rahmen; in der andern Seitenabtheilung eine etwas ältere Tochter, doch auch noch Kind.

Seitwärts hing, liegend, das Todtenbild des Knaben, der eine *rothe Nelke*, so mein ich bestimmt zu erinnern, in der Hand hielt. Dieß Bild ist nach dem Druck meiner Dichtung bei einem Brande des Thurms der Kirche verloren; ich selbst habe vergebens danach gesucht.—Erst etwa 3 od. 4 Jahre nachher (was mir haften geblieben, war besonders die unbarmherzige Umschrift u. d. Todtenbild) auf einer Amtsfahrt durch die sonnig goldne träumerische Herbstlandschaft stand auf einmal Alles, wie es jetzt in d. Dichtung steht, vor mir auf.[8]

[8] From Storm's comments on an article on him by Erich Schmidt for the *Deutsche Rundschau*, July 1880. These comments, headed "Für Freund Erich", are enclosed in a letter from Storm to Schmidt dated September 1881. Manuscript, Schiller-National-Museum, Marbach.

It seems from this note that Storm visited the Drelsdorf church again after writing *Aquis submersus*, and thus could give more detail about the epitaph, although here too his recollection is faulty in detail, and curiously, whereas he insists on the red carnation in the hand of the boy on his bier, he nowhere mentions the one in the hand of the boy of the epitaph. It is not clear from his shorthand just where he remembers the inscription to have been. He again does not give the precise date of his first visit to Drelsdorf, but his brother-in-law Harro Feddersen was in office there already in 1865, the year after Storm returned to Husum from his exile in Heiligenstadt. 1873 has been suggested as the date for this visit;[9] but if this is so, why did he apparently not hear of the fire then, when it was fresh in everyone's memory? A note such as this, written so long after the event, cannot be considered to provide conclusive evidence in support of Storm's opinion, but it does pose some new questions. But whether he saw the deathbed picture with his own eyes or not, Storm would doubtless have heard of it and of the tales current among the villagers about the death of the child—who seems to have been sub-normal and in need of constant supervision—in the pond in the *Priesterkoppel* behind the pastor's house. And on his own testimony it was the harsh inscription, perpetuating the negligence of a servant, and the picture of the child, a continual reminder of death, which haunted him until they brought forth in his poetic imagination the strange record of human guilt and mortality which is *Aquis submersus*. Of the portrait which Storm certainly saw, the one which still hangs in Drelsdorf, his grandson wrote: "Eine tiefe Angst, ein Grauen vor einem furchtbaren rätselhaften Etwas liegt in dem Gesicht. Das mußte Storm packen, es war etwas von dem Gefühl darin, das ihn selbst oft heimsuchte und quälte: das Bewußtsein von der

---

9 Boll, p. 27.

furchtbaren Einsamkeit, in der der Mensch in der Unendlichkeit steht."[10]

Having received the germ of his story from the church in
Drelsdorf, Storm retained the situation of the picture of the
dead boy hanging in church, but chose as his setting
another "real" church, one which had intimate and happy
personal memories for him. The church described both
from the inside and the outside in *Aquis submersus* is not
that of Drelsdorf but the imposing granite-built church of
Hattstedt, about three miles from Husum, which dominates
the *Hattstedter Marsch* to the north. This area, with the
island of Nordstrand, was devastated by a flood in 1634,
mentioned in the *Novelle*, in which Storm's own family
also suffered. To this village, like the man in the frame-
narrative, Storm walked in his boyhood with his schoolfriend Johann Matthias Peter Ohlhues, son of the "Diakon
und Kompastor in Hattstedt",[11] and it is from memories of
Hattstedt that he composed the arrangement of parsonage
with its garden and dangerous pond, sexton's house and
schoolroom. The trees, the outdoor games, the "helle,
freundliche Gegenwart" in the rooms of the old house,
even the huge key of the church door, which are recalled
with such affection in the frame of *Aquis submersus*, derive
from Storm's own youth. His obvious attraction to
Hattstedt (where he took his second wife, Dorothea, for
their marriage in 1866) colours indelibly the reader's first
impression of the *Novelle*. Changes have overtaken
Hattstedt, in Storm's own lifetime and more recently, but
his village is still recognizable and its church-tower a
landmark.

This setting is, of course, entirely characteristic of
Storm. His imaginative creative process was almost

[10] Enno Krey, *Das Tragische bei Theodor Storm*, Marburg a.L., 1914,
p. 34.
[11] Franz Kobes, *Kindheitserinnerungen und Heimatsbeziehungen bei
Theodor Storm in Dichtung und Leben,* Berlin, 1916, p. 217.

invariably set in motion by a personal memory or curiosity about a familiar sight. Only a couple of years before beginning *Aquis submersus* he wrote to Emil Kuh of his great impressionability to places, and especially to the area where this *Novelle* is set: "durch Örtlichkeiten habe ich starke Eindrücke empfangen; durch die Heide, die damals noch zwischen Husum und einem Dorfe lag, wohin ich fast alle vierzehn Tage mit dem Sohne des dortigen Predigers, der die Gelehrtenschule in Husum besuchte, ging, . . . auch durch die Marsch, die sich dicht an die Stadt schließt, und das Meer, namentlich den bei der Ebbe so großartig öden Strand der Nordsee."[12] Although fully in accord with the practice of the prose writers of his day in his exploitation of his own geographical locality so as to give "realism" to his works, and no more topographically exact in his descriptions of familiar places than, for instance, Fontane, Storm impresses the reader as being more emotionally involved in his settings than any, even Stifter. For Storm to depict a street or house in Husum (where probably some member of his family, now long dead, had lived), or an isolated farmstead on the heath, or a village church, is to record a personal connection, and thus to perpetuate something of himself. The mood created in the opening pages of *Aquis submersus*, delight in the memories of places and people dear and familiar in childhood, combined with an inescapable tinge of regret at their passing, is a constant one in Storm's writings. But in the chronicle *Novellen* in particular, and their precursor in this respect *In St. Jürgen*, the evocation of the past which attaches to places is almost in the nature of an act of expiation. This son of Husum rescues for a later generation the former glory of his home-town, which centres for him on the Gothic *Marienkirche* in the market-place; one of the architectural jewels of

[12] Storm to Emil Kuh, 13 August 1873, "Briefwechsel zwischen Theodor Storm und Emil Kuh 1871–1877", ed. Paul R. Kuh, *Westermanns Monatshefte*, vol. 67, 1889–90, pp. 272–3.

Schleswig-Holstein, this was pulled down just a decade before Storm's birth. The destruction of this beautiful old church and the dispersal of its treasures is the note of despair on which *Aquis submersus* ends. "Das war eine pietätlose nüchterne Zeit gewesen, von allem Segen der Schönheit und der Kunst verlassen", Storm laments in *Von heut und ehedem*, and in his work he seems continually to be trying to repair the damage done in his own century by resurrecting the church and its contents and showing it as the focal point of a fair and prosperous town, whose buildings and streets live again in their bygone splendour. The town on the North Sea coast to which the painter Johannes came in the year 1666 is still recognizable in the Husum of today with its market-place, "Rathaus" with "große Treppe" and archway beneath, through which one reaches the "Schloßgarten", just as Johannes left the town on his final visit to the house of the dark pastor. His own lodgings in the town were with his brother in a high gabled house "an der Ecken von Markt und Krämer-straße". This corner house, so the chronicler recorded, had an inscription over the door—"Gelick aso Rock und Stof vor swindt aso sint ock ie Minschen Kindt"—which he had had placed there from an old house being demolished. This house in the market-place was still there in Storm's lifetime but was pulled down in 1898. The stone with the inscription was, however, built into the new house, and in recent years this process has been repeated. Storm would have appreciated the way the memorial to *Vergänglichkeit* and to his own greatest expression of it in prose has out-lasted the successive houses. As a monument to the tension between the passing and the permanence of human things *Aquis submersus* is all the more effective through being set in a locality which was so much a part of its author's own life.

Why Storm in 1875 should turn to a historical subject one cannot say for sure. He himself gave no particular indication. He was not, however, dealing with such material for the first time. Since the 1850's in Heiligenstadt he had occupied himself with historical studies, starting with the eighteenth century, and on his return to Husum he turned his attention to the chronicles and historical documents of his home region. In 1872 he published the *Kulturhistorische Skizzen*, which formed a part of his *Zerstreute Kapitel*, a collection of sketches, mostly about the old days in Husum, many of them personal recollections or family history. Storm found much of his material in the work of old Husum authors. In the *Kulturhistorische Skizzen* he named three—Johann Melchior Krafft, Petrus Goldschmidt, Johann Laß; in a letter to his son Ernst whilst writing the sketches he mentioned others—Holmer and Giese.[13] Such studies provided the "kulturhistorisches Drumherum" for Storm's historical *Novellen*, indeed one of the authors he named, Petrus Goldschmidt, appears as a fire-eating character in the second of them, *Renate*, and another, August Giese, seems to have provided a model for members of the painter's family in *Aquis submersus*. The work of Johann Laß in particular was a fruitful source, and many incidents in *Aquis submersus* found their origin in his *Sammelung einiger Husumischen Nachrichten*;[14] some of them Storm had already mentioned in the *Kulturhistorische Skizzen*. Quite a large role is played too in *Aquis submersus* by superstition, and this contributes to the period colouring. It is probable that Storm found material or ideas here in the work of K. Müllenhoff, *Sagen, Märchen und Lieder der Herzogtümer Schleswig, Holstein und Lauenburg*, published in 1845. He had himself contributed to Müllenhoff's collection. The historical veracity of *Aquis submersus* is reliable down to the most trivial detail. Names, clothes, hair-styles,

[13] Storm to his son Ernst, 29 September 1871, Gertrud Storm, *Theodor Storms Sämtliche Werke; Band 11, Briefe an seine Kinder*, Berlin-Braunschweig-Hamburg, 1916, p. 145.

[14] J. Laß, *Sammelung einiger Husumischen Nachrichten von Anno 1089 bis Anno 1700*, Flensburg, 1750. *Fortsetzung*, 1752.

occupations of the characters, their modes of address, the decoration of their houses and even the flowers in their gardens are as they would have been in the seventeenth century.[15] Legal customs, too, are accurately reflected, as one would expect from a poet who was also a lawyer. Johannes' brother, as town-secretary, had quite properly to read the verdict on the witch from the town-hall steps on the morning of her execution. But perhaps most interesting of all is Storm's treatment of his artist-hero. The painter Johannes existed only in Storm's *Novelle,* but his career is not only a typical one for a painter in the Schleswig-Holstein region at the time he would have been alive; it is in many respects similar to that of the Eiderstedt painter, well-known in Husum, Juriaen Ovens, who studied in Holland and died in Friedrichshafen in 1678. Yet the wealth of historical detail in *Aquis submersus* is never obtrusive or laboured, and far from being pedantic. It is simply a reanimation of the streets, buildings and places Storm loved in their old busy-ness, and is no more mere "period colour" than are Fontane's intimately knowledgeable references to the contemporary Berlin scene. Its accuracy is testimony to the painstaking and conscientious manner in which Storm worked; it reflects too an attempt at absolute "realism" despite the uncontemporary setting.

A particular attraction of the old chronicles for Storm was their archaic language, in which, as he admitted to Keller, the "getragenes Pathos" charmed him.[16] The atmosphere of this language he sought to reproduce in several of his chronicle *Novellen,* and it was doubtless his musically trained and sensitive ear which enabled him to give an authentic ring to the archaic style in these; at the same time his poetic instinct warned him to avoid "Unver-

[15] John H. Ubben, *The Cultural Background of Theodor Storm's Chroniknovellen,* Diss. Chicago, 1942, gives much detail.

[16] Storm to Gottfried Keller, 27 February 1878, *Der Briefwechsel zwischen Theodor Storm und Gottfried Keller,* ed. Peter Goldammer, Aufbau-Verlag, Berlin, 1960, p. 29.

ständliches" and exact philological accuracy.[17] When the choice was between the correct and the aesthetic Storm avoided "überhaupt alles Häßliche", "selbst auf Kosten der Wahrheit".[18] It may be assumed that similar considerations prevailed in the writing of his first chronicle *Novelle*. Revealing light is cast on his attitude to linguistic imitations and the reasons for his success in them when he quotes with pride a compliment he had received about Lisei's "Southern" German in *Pole Poppenspäler*: ",in wahrhaft intuitiver Weise hatte ich diesen gleichsam idealisirten Dialect getroffen.' Was will man mehr."[19] Yet however "idealized" the chronicle style of *Aquis submersus* or "intuitive" Storm's re-creation of the old language, his usages are nevertheless not distortions. His characters, in accordance with the custom of the time, use foreign words, especially French or Latin—Bas' Ursel in particular is prone to this bad habit. Words which had gone out of use are revived—*fürbaß, anitzt, itzund*; the archaic rather than the modern form of a word is preferred—*güldnen* for *goldenen, selbigen* for *denselben*; of two modern forms the one giving the more archaic flavour is chosen—*gar* for *sehr, denn* for *als*. In particular archaic grammatical forms lend an authentic colouring to this language; the unaccented medial "e" in verbs is retained—*hörete, verkaufet*; the old strong form of the imperfect—*stund, frug*; the old past participle without its prefix—*es ist doch anders kommen*. Feminine nouns are declined weak—*als eine blaurothe Nasen, von einer Branntweinbrenner-Witwen*, and old accusative and genitive forms of proper names are copied—*Katharinen, Katharinens*; neuter attributive adjectives appear in the uninflected form—*ein ander Regiment, ein sinnberückend Bild*;

[17] Storm to Keller, 29 August 1878, *Storm-Keller Briefwechsel*, p. 44.
[18] Storm to Georg Scherer, 11 April 1874, "Theodor Storm, Briefe an Georg Scherer und Detlev von Liliencron", ed. Franz Stuckert, *Schriften der Theodor-Storm-Gesellschaft*, 3, 1954, p. 40.
[19] Storm to Heyse, 16 April 1876, *Storm-Heyse Briefwechsel*, vol. II, p. 11.

and old forms of address are preserved. Occasional oddities occur, for instance the strange usage of *zwo* for *zwei*, and one or two out-of-place Southern or Middle German expressions—*ich hatte auf Katharinen fast vergessen* (it seems over-sophisticated to justify these as imitations of wrong usages of the time!).[20] But Storm achieves his purpose, if not philological flawlessness, by using forms which the modern reader would immediately recognize as "archaic"; and the effect of authenticity is subtly increased by the cadences of his language, the slight and delicate variations of sentence construction, frequent inversions and the introduction of subordinate clauses by such words as *so, allwo, maßen*.

Storm's choice of a semi-archaic style in this particular work has in any case a much more important function than either to give period authenticity or a musical effect. Through it he could subtly emphasize his real theme, that of transience. Not only does the repeated shift from the modern language of the frame narrative to the archaic expression of the "manuscript" and back again remind the reader that today's present is tomorrow's past, but he is pulled up sharply by the modern prose and caused to reflect on these things when he is in danger of being lulled into emotional indulgence by the seductive sounds and hypnotic cadences of the older language. The archaic language assists too in making real the inaccessibility of the past, the fact that it is daily slipping further into oblivion. It is one thing for the reader to be told that the manuscript was yellowed and the handwriting difficult to read; the point is made much more effectively if the language itself proves a barrier. Not dissimilar is Storm's use of the inscription on the house in the market-place; the motto is quoted first in High German in the modern narrative, but then in the less familiar Low German in Johannes' account. The language of Storm's work was always corrected,

[20] By Ubben, p. 75.

polished, and repolished, partly in accordance with his own critical instinct, partly on the advice of his friends. As *Aquis submersus* was going into print one of them noticed too many verse-rhythms, so the author set to work to eradicate this flaw for the book edition.[21] The result is one of the most linguistically perfect of Storm's *Novellen*.

However essential Storm may have considered historical accuracy and an impression of linguistic authenticity to be, these aspects in *Aquis submersus* and his subsequent chronicle *Novellen* were of only secondary importance. When accused by his friend Petersen in 1885 of clinging to an outdated literary mode in his new *Novelle, Ein Fest auf Haderslevhuus*, he replied sharply:

Sie schreiben, die kulturgeschichtlichen Novellen kämen schon stark außer Kurs—aber was geht mich das an? Ich habe nie eine solche geschrieben. Was außer Kurs kommen kann, sind nur die Sachen, in denen das Kulturgeschichtliche das Wesentliche ist, und wo außerdem nichts von Wert zurückbleibt. Immer und unter allen Umständen wird die Poesie in jedem Jahrhundert, dem sich ihr Stoff am sichersten anpaßt, ihr Zelt aufschlagen können; nur soll der Stoff selbst nicht auf vorübergehenden Zuständen beruhen; sondern auf rein menschlichen Konflikten, die wir ewig nennen. Daß der Darsteller die Zustände der dargestellten Zeit nicht ganz außer acht lasse, ist eine billige Forderung, ebenso wie die, daß sich das durchaus nicht vordränge, und daß es ohne weiteres verständlich sei! Wo diese Dinge befolgt sind, wie ich das auch hier durchaus getan habe, hat die Mode nichts damit zu tun; was ich schreibe, schreibe ich, weil mein Inneres mich dazu treibt; niemals um eine Mode mitzumachen.[22]

Two days later he formulated more precisely the distinction between works which relied on the depiction of historical

[21] Storm to Wilhelm Petersen, 13 July 1876, *Theodor Storm, Briefe an seine Freunde Hartmuth Brinckmann und Wilhelm Petersen*, ed. Gertrud Storm, Berlin-Braunschweig-Hamburg, 1917, p. 128. Also 14 July 1876, p. 129.

[22] Storm to Petersen, 12 December 1885, *Briefe an seine Freunde*, pp. 210–11.

material for their interest and those, like his, which had as their subject matters of timeless human concern, though perhaps in historical dress:

Ist in einem Kunstwerk die Darstellung vorübergegangener Lebensformen das *Wesentliche*, so ist dessen Geltung von der Zeitströmung oder besser von der *Mode* abhängig; ist die Darstellung des rein Menschlichen, für uns des Ewigen, der Inhalt, so kann die Zeitströmung es nicht verwaschen, und eine so bescheidene Benutzung des historischen Außenwerks, wie bei mir, kann es nicht in den Abgrund ziehen.[23]

A simple comparison of *Aquis submersus* with *Immensee* or the early sketch *Im Korn* which treat human problems similar to those in the later *Novelle* demonstrates the validity of Storm's comments for his own "historical" tales.

Nevertheless he did not write his first chronicle *Novelle* in a literary vacuum. Historical tales had been in vogue since his childhood, and he doubtless read and enjoyed the popular chronicle framework stories. There are even similarities of motif in *Aquis submersus* to Brentano's *Chronika eines fahrenden Schülers,* which was in Storm's own library. There is, of course, a Romantic element in Storm's *Novelle,* and possible connections have been seen between it and other works by Brentano, E. T. A. Hoffmann and others. One of Storm's favourite authors, Eichendorff, whose influence had already been apparent in *Von jenseit des Meeres,* almost certainly provided inspiration for the love-scene in *Aquis submersus* too. The other key scene in the *Novelle,* the death of little Johannes, is reminiscent of the meeting of Eduard and Ottilie, forgetful of the child by the water, in Goethe's *Die Wahlverwandtschaften,* though of course, the drowning of the child was not invented by Storm, but was in his source. He had, too, earlier planned a

[23] Storm to Petersen, 14 December 1885, *Briefe an seine Freunde,* p. 209.

Novelle on rather similar lines to *Aquis submersus*, to have been called *Im Korn,* in which a child died by the indirect fault of its (unmarried) parents. Also interesting are similarities between *Aquis submersus* and works by closer contemporaries of its author. Construction, style, subject matter and the atmosphere created of a mysterious and swiftly vanishing past are strikingly alike in Keller's tale of "Meretlein" in *Der grüne Heinrich,* a work which Storm knew and loved, and in his own story of the life and death of the child Johannes. His knowledge of the work of writers of his own day was extremely well-informed, and he could have found stimulus even in the new productions of lesser-known contemporaries. Attention has recently been drawn to *Ein Meteor,* a *Novelle* by the now completely unknown author E. Werber, which he read in the *Gartenlaube* and sent to Heyse in 1875.[24] Werber's *Novelle* and Storm's show interesting parallels in the manner of presenting an acute awareness of the passage of time in conflict with man's efforts to hold it fast.[25] Of authors contemporary with the action of Johannes' manuscript Storm also had a good knowledge, and indeed justified himself for his possibly anachronistic nature descriptions by reference to Opitz and Grimmelshausen.[26] Yet despite this apparent patchwork of motifs and possible stimuli from outside, reflections whether conscious or unconscious of Storm's reading near the time of its composition, *Aquis submersus* is an extremely original and unified work, in which every stylistic technique, feature and device derives from and is expressive of its central theme, that of man's struggle against the obliterating action of time.

[24] Storm to Heyse, 28 September 1875, *Storm-Heyse Briefwechsel,* vol. 1, p. 90.
[25] Clifford A. Bernd, "Storms Literaturkritik—ein Weg zum neuen Verständnis seiner Dichtung", *Schriften der Theodor-Storm-Gesellschaft,* 17, 1968, pp. 77–81.
[26] Storm to Petersen, 13 July 1876, *Briefe an seine Freunde,* p. 128.

The framework form was a common feature of the chronicle tale. It was also entirely characteristic of Storm. All of his chronicle *Novellen* have, or were originally intended to have, frames. The frame was, of course, a feature of the *Novelle* from the beginning, and the German writers of the nineteenth century displayed considerable virtuosity in their use of it. At first glance Storm seems to have been addicted to the *Rahmen* to such an extent that it became a mannerism; yet without their frames his *Novellen* would lack a dimension, and this is particularly true of his chronicle tales. These frames show the process by which "das Bahrtuch über einem verschollenen Menschenleben" is lifted, as Storm puts it in *Renate*. And in it chance and interested, even loving involvement in a person or place play an equal part. The process betrays the workings of a sentimental and also a legalistic mind. Information has to be sought, examined and pieced together; evidence of variable reliability—eye-witness accounts, memories and rumours, documents and manuscripts both legal and private, objects such as pictures, keepsakes and personal relics—are brought into relation to each other and used to supplement each other in an attempt to discover a coherent whole, what "really" happened. In the chronicle tales, however, the obscuring of facts, breaking of contacts and obliteration of the traces of a life, which in all Storm's *Novellen* are expressive of his awareness of the elusive nature of reality, are seen in a special and sombre light. They are not merely, as in the "contemporary" *Novellen*, the outcome of the normal chanciness and busy-ness of everyday living, but the result of the ravaging effect of time. *Vergänglichkeit* is almost a substitute for causality in the frames of the *Chroniknovellen*. Yet however clearly the frames of Storm's *Novellen* expose the destructive force of time, there are still glimpses of another element at work, running counter to it, similar to but not identical with human will, namely the tendency to survive, to continue, to preserve. In the historical *Novellen* this is particularly apparent; in *Aquis submersus* the tension between the annihilating and the perpetuating factor is most nicely balanced. Throughout Storm's narrative work this tension is the key, since it accounts for the story-telling perspective. Storm's tales are usually *Erinnerungsnovellen*.

The framework construction of *Aquis submersus* is almost archetypal in Storm's work. Here the story of the painter Johannes and the "Edelfräulein" Katharina is presented indirectly, at several removes. It is communicated through the medium of two men, both characteristically "rückwärts sinnend", reliving past periods in their lives as they recall their separate tales. The remembered experience of the one encloses that of the other. These two narrators are a seventeenth-century painter and a man living (presumably) in the nineteenth century in a region which held for him interesting associations and childhood memories (the obvious relation to Storm himself need not concern us here).[27] The connection between the two is the apparently fortuitous one that both lived in the same neighbourhood at one time in their lives, which led to the discovery by the later man of some of the painter's property, including the manuscript in which he recorded the major experience of his life. It is just this very find and the steps leading up to it which, we deduce, the second man felt to be an event of some significance in his own life, and worthy in its turn of being handed on. The frame proper of *Aquis submersus* thus consists of the recollection by the nineteenth-century finder of the happenings leading to his discovery

[27] The frame "narrator" and Johannes are here treated as characters functioning within the narrative. For a discussion of the "fictional narrator" of Storm's *Novellen* see Clifford A. Bernd, *Theodor Storm's Craft of Fiction, The Torment of a Narrator,* 2nd edn, Chapel Hill, 1966. Also Terence J. Rogers, *Techniques of Solipsism, A Study of Theodor Storm's Narrative Fiction,* Modern Humanities Research Association, Cambridge, 1970.

and reading of the artist's manuscript, with no further comment from him on it than, at the point where the first book of the manuscript itself comes to an end, an expression of sympathy for the chronicler, and an indication of how much of the puzzle was explained to him by his reading so far. There is no mention of his state of mind as he finished the chronicle and no return to the cosy room in which he read it. He is presented to us in a dual role: "now", as one of "uns nachdenklichen Leuten", introducing his reminiscences in the first two paragraphs of the *Novelle,* and recording in a curiously non-committal way in the concluding paragraphs the disappearance of nearly all trace of the painter, and "then", enacting the recalled events. Johannes' manuscript likewise presents him to us both as hero and, in old age, as chronicler of the story it records. The situation recalls *Immensee,* but the frame in which we make the acquaintance of the old man reminiscing is merely implicit in *Aquis submersus,* where it gradually becomes apparent in the course of the manuscript narrative that this is in fact an account being written by the chief actor in old age. Johannes himself only appears as an old man at the point where he breaks into his own tale to address the nephew for whom it is being written and explain why he must temporarily cease his account. He then opens his second "Heft" with further remarks directly addressed to his nephew. The break comes at a logical point in the narrative, since the second notebook takes up the story after a five-year pause in the events related.

One *Rahmenerzählung* framed by another; this construction is especially apt in *Aquis submersus* because of the possibilities it offers of demonstrating to what extent a particular human experience can be preserved as a "reality" against the background of the continuing processes of material decay and human mortality. In a letter to his wife in 1859 Storm had referred to an ever-present fear which obsessed him, "die leise Furcht, daß im letzten Grunde doch nichts Bestand habe, worauf unser Herz baut; die Ahnung, daß man am Ende einsam verweht und verlorengeht; die Angst vor der Nacht des Vergessenwerdens, dem nicht zu entrinnen ist".[28] This fear is present as an uneasy undertone in both narratives. Both the "hero" of the framing story and Johannes are working, unknown to them, from opposite directions towards the same end, the combating of the "Nichtigkeit des Irdischen" in one specific case. With the dual perspective proper to the *Novelle* form, the result of their joint enterprise provides the reader of *Aquis submersus* with what emerges clearly as a typical instance of the way human experience fares at the hands of time. The particular experience at issue here is the love-story of Johannes the painter. This piece of reality had, we discover, the best possible chances of survival. Johannes, so we learn from his own words, wrote down the account of his "Erdenleid", which had so far lived on only in his memory, expressly to hand on to his nephew as a legacy, in the consciousness that if he did not it would be lost. The story was written down, we assume, just in time; Johannes was aware that his nephew would "soon" be his inheritor. And then, when it seemed that the painter's precaution would, in the end, be in vain, it was found, again clearly just in time; its present owner had apparently never read it, nor was he anxious about what happened to it: "es sind so alte Schriften; Wert steckt nicht darin". The finder was even, in a sense, looking for it, although unaware of its existence in the very "real" and tangible form of a manuscript. Yet despite the efforts made to preserve this story, the survival of the document seems to have been of the chanciest. Sheer good luck brought it to the "right" reader when the obvious connections failed.

Still, it did survive, and there is comfort in this; perhaps

[28] Storm to Constanze Storm, 21 July 1859, *Theodor Storm, Briefe an seine Frau,* ed. Gertrud Storm, Berlin-Braunschweig-Hamburg, 1915, p. 82.

the past can, after all, become a real and living part of the present. As we read of the long series of apparent coincidences which led to the finding of the manuscript, several encouraging facts come to light. There is, for instance, a strong element of continuity present in the finder's account, a continuity particularly associated with places and the experiences to be had there. Johannes may be dead and gone, but what was once his room still retains very tangible traces of his life and physical presence. Certain pictures of his, the frame reporter realizes, still exist in the neighbourhood, in the church for which they were painted; even his own childhood pleasures, he discovers, were found in the very places where Johannes' child lived and died. The past, especially in its habit of clinging to localities, is insistent. But for whom? The artist's story is preserved because found by a particular man, a man who, it is clear, had a special sensitivity to the passage of time. The clues which lead to his discovery would catch the attention only of a man exercised by the elusive nature of the past. We suspect a feeling of triumph in him as he sits down at last to read the fruits of his long search, in which his extreme consciousness of transience, reacting to a series of chance happenings, has proved, paradoxically, the means of securing the virtual immortality of the painter.

The reminiscences of the frame reporter, like the manuscript of Johannes, are in two parts, with an interval in between. In the first part he remembers one of the places of his youth, a church and a manse in a village near to his home town. The prelude to this long description gives his standpoint; he quite literally seeks a vantage-point from which he can see "eine von den Stätten meiner Jugend". This spot is in a neglected "Schloßgarten", whose decaying remnants of former elegance and luxuriant growth have taken on a spectral air. The village can be seen from a slight eminence in a far corner of the garden, by a long since dried-out fishpond. From this little hill the view stretches to infinity—"von wo aus der weitesten Aussicht nichts im Wege steht"—with the sea and its shadowy islands on the evening side, and on the other the barren coastal area between the town and the village of which we are about to hear. The physical distance which separates the man from the scene which is about to be described is a reflection of the distance in time across which he is recalling the incidents to be related. A man standing alone in a withdrawn situation, surrounded by signs of decay against a backcloth of the setting sun and the infinite sea, looking down across empty wastes to the scene of his youth. With such an image this *Novelle* opens; no wonder if the reader too becomes "nachdenklich" and thoughts of mortality are uppermost.

In such a mood the frame reporter begins his reminiscences of his youth. Nowhere, perhaps, in Storm's *Novellen* have been conjured up more idyllically the lost joys of childhood than in the opening pages of *Aquis submersus*; a profusion of sense impressions of all kinds brings home to the reader the brightness and light-heartedness of those days. And yet there is a sombre undercurrent in the reference to the watering-hole, which is, "wie ich jetzt meine", a source of danger; and the briefly implied negative contrast between the perspectives of youth and age, where the passing of the years brings a realization of insecurity, is reinforced by the man's admission that all that remains to him as a "reality" of those days is something as evanescent as fragrance—"nur den scharfen Duft der goldknopfigen Rainfarren, die hier haufenweis auf allen Wällen standen, spüre ich noch heute in der Erinnerung, wenn jene Zeiten mir lebendig werden." It was, significantly, the church and the "geheimnisvolles Schweigen" of a bygone age in its gloomy interior which aroused his "dauernde Teilnahme". Here the memorials to the "Grauen des Todes" so took possession of his imagination that he was always profoundly relieved on coming out again to find the "helle, freundliche Gegenwart" in the manse, hospitable in spite of its great age. But once again, unconsciously but instinctively he presents a picture which makes us "nachdenklich". The cheerful scene of *Biedermeier* cosiness round the "traulich sausender Teekessel" of the pastor's family, a moment of intense, if homely, human joy, is lit by the light of the dying sun through a west window, seen against an infinite sky. The gathering darkness of time is a constantly inhibiting factor on life and its pleasures in the frame narrator's account.

It is to him as a man that the meaning of the curious letters which had so puzzled him as a child on the painting of a boy on his deathbed is finally disclosed. It is to the man that the inscription on the house where the manuscript is found is visible. The impression left by his account of the discovery of Johannes' possessions and story is one of effort—not necessarily deliberate—to salvage the traces of the past; pieces of evidence are only with difficulty accessible—even the key to the church (itself seemingly of great age) had to be "dem Küster abgewonnen". Sympathy alone is not enough; only when the seeker himself has experience of the transitoriness of human things—his own youth is past, old friends are dead or have gone away—is he in a position to complete his search. The remaining evidence, too, has to be unearthed from surroundings which bear melancholy witness to the passage of time—the house with its motto of transience, the low, old-fashioned room where picture and papers are hidden away. Only the huge wing chair and the promise of a good cup of coffee remind us, like the armchairs with their red cushions and the tea-kettle in the first part of the introduction, of the present, which, however, from the standpoint of the narrative is itself a past!

The story the manuscript tells answers the questions regarding the painting of the pictures found by the first man as a boy. But that is all; the manuscript breaks off abruptly at the point where Johannes has lost everything. Storm's original intention was to let the reader of *Aquis submersus* find out more—either from the man in the frame as a result of his further researches into the painter's life, or from Johannes himself in a postscript to his manuscript. But, as in other *Novellen* in which he sketched a further biographical account of his characters after the end of their real story (*Immensee* and *Eekenhof* are good examples), Storm finally concluded his tale at the point where there was no hope left of a fruitful life for his hero. The man who uncovered the story of Johannes has no further information either. His long search, which was, in the end, seemingly crowned with success, has been largely futile. This apparent resurrection of the painter, this raising of him from the dead, is an illusion. What the searcher has found is the testimony to "seines eigentlichen Lebens Untergang". The irony of this apparently happy discovery is underlined by the fact that the only further trace to be unearthed of his life and work is a negative one. His name has remained unknown, the fame which he was sure lay within his reach has never come to him; the picture which for a time kept his name alive has vanished in the destruction of the old church for which it was painted, and this picture was of the raising of Lazarus. In this *Novelle* there is no awakening from the dead. The pictures by Johannes which do remain for posterity seem to confirm what the disappearance of the painting of Lazarus suggests. They are memorial portraits, in accordance with the character of the time; but after two centuries not one of them can immediately convey to the viewer what it commemorates in the life of the painter. Indeed, the presence of two of the pictures, that of the child on his bier and that of the dark pastor, in close proximity to each other, serves initially only to mislead him. The only fact which all the paintings adequately convey is that of death; two of them are even taken from dead subjects. In particular that of Gerhardus

xxxiii

holding his dead grandchild in his arms is a striking reminder that "vor der knöchern Hand des Todes alles Staub ist", both youth and age. And in a dark corner of the other, that of the child on his deathbed, is a telling detail. Of the indistinct letters C.P.A.S. the first two, which give the real clue to the child's story, remain "ein Geheimnis der Vergangenheit". But the meaning of the last two is known with a high degree of certainty—"aquis submersus", "im Wasser versunken", dead. Remnants of the past are certainly rescued, even obtrude into the present in *Aquis submersus*, but only in a way which reminds the reader of the passage of life into death and oblivion.

Sensitivity to the movement of time is shared by both narrators within the *Novelle*. Frame and inner story complement each other and are mutually dependent perhaps more intimately than in any others of Storm's *Novellen*. Their construction is parallel, in two parts of unequal length, with a lapse of years in between. The action of the frame is obviously limited in comparison with that of the manuscript, but in both there is a lingering over the depiction of childhood pleasures, and in the two second parts a severe reduction in the amount of space devoted to the relation of events. The man in the frame and Johannes seem to be walking ever faster through their lives, from the former's childhood dawdling from his home town to the village with the granite church, with which the *Novelle* opens, to Johannes' final return to the town by this same route at the end. There is indeed a very live consciousness of the passing of time at all stages in the *Novelle*.[29] Centuries, years, seasons, days, hours, minutes are shown continually going by. But whereas the passing of time is a constant and unchanging background, in contrast, the present moment, the fixed point in time, is shown to be elusive and without firm identity. For the reader of *Aquis submersus*, trying to determine through whose eyes he is viewing the

[29] Bernd, *Theodor Storm's Craft of Fiction*, pp. 13–16.

events enacted, and for the characters themselves, the present is inextricably compounded with past and future and has no substance of its own. The superimposition of time-levels is most complex at the moment between the two manuscript parts when the reader of it pauses for a while to wish Johannes a happy christening of his great-niece. But Johannes also has similar experiences of the fusion of past, present and future, as he waits for Katharina in the wood after the night in her room, as he paints his Lazarus and as he sits watching the midday scene on the crowded market-place below. "Wir beide aber," he admits at one point, "wir hätten itzund die Zeit stille stehen lassen." But this is just what time cannot do.

> Auf Erden stehet nichts, es muß vorüberfliegen;
> Es kommt der Tod daher, du kannst ihn nicht besiegen.
> Ein Weilchen weiß noch wer, was du gewesen;
> Dann wird das weggekehrt, und weiter fegt der Besen.

This verse ends Storm's late chronicle *Novelle, Zur Chronik von Grieshuus*. The relation of frame and manuscript in *Aquis submersus* suggests forcibly the inexorability of this endlessly sweeping broom. In so doing it explains too the efforts of Johannes and the man in the frame to salvage something of the past before it is too late.

THE TRAGIC CONTENT

The best stand one can take against the rising tide of oblivion is—we remember the man in the "Schloßgarten" at the beginning of *Aquis submersus*—through memory. We are presented, in this *Novelle*, with two great acts of memory (which include lesser acts—both men remember themselves remembering). And although memory is itself subject to the passing of time and can recreate the past only "tropfenweise",[30] it offers man a final chance to rescue something of himself for posterity, should he have failed to

[30] See the opening of *Auf dem Staatshof*: "Aber wie es die Erinnerung mir tropfenweise hergibt, so will ich es erzählen."

achieve anything of lasting value in his lifetime. Even a wasted life can seek a measure of immortality through memory.

And so Johannes sits down to recall and record how he in fact lost the battle to outwit death: for he left no heir and no monument. His child died, his Lazarus in the end vanished. He leaves little to outlast him but a record of defeat. The story which he commits to paper tells how this came about, one man's misadventure and its consequences, "meines Lebens Schuld und Buße" as he calls it. In his acceptance of the facts of personal guilt and penance Johannes shows himself perhaps as a man of his own time. As Storm presents the issue of guilt in *Aquis submersus* for a later generation, both in the *Novelle* and in his comments upon it, it is much more problematic. The differing perspectives of frame and manuscript are here used to good account. The question is raised early in the *Novelle*, before ever the reader meets Johannes, when the boy in the frame tries to find out the meaning of the letters C.P. on the picture which first sets him on the track of the painter. One suggestion is "casu periculoso", "durch gefährlichen Zufall", which, however, does not seem entirely appropriate. But nor does the other possibility; "culpa", "durch Schuld", is a likely enough guess, but whose guilt, "durch wessen Schuld?" The combination which immediately springs to mind, "culpa patris", does not seem to fit the case either, and so the problem is left unsolved. Storm, who was a lawyer, borrows the ancient legal antithesis, *casu/culpa*, to formulate a major question to be answered in one particular instance in the experience of Johannes the painter as related by him in his manuscript. How does human tragic experience come about; is it by chance, "durch Zufall", by an unlucky, even dangerous combination of circumstances—"durch gefährlichen Zufall"; or is it through guilt, "durch Schuld", and if so, what is the nature of this guilt—"durch wessen Schuld"?

xxxvi

Storm tried more than once to explain and perhaps to justify his attitude to guilt in *Aquis submersus*. On the one occasion he discounted any guilt on the part of the lovers and placed the blame squarely on the shoulders of society: *Aquis submersus* was a work

wo man durchaus fehl gehen würde, wenn man in der, freilich die bestehende Sitte außer Acht lassenden, Hingebung des Paares die tragische Schuld der Dichtung suchen wollte. Das hat nach dessen eigner Aeußerung dem Dichter ebenso fern gelegen wie etwa Shakesspeare bei seinem Romeo und Julia. Die „Schuld", wenn man diese Bezeichnung beibehalten will, liegt auf der andern Seite, hier auf dem unerbittlichen Geschlechter-Haß, dort auf dem Uebermuth jenes Bruchtheils der Gesellschaft, welcher ohne Verdienst auf die irgendwie von den Vorfahren eroberte Ausnahmestellung pochend, sich besseren Blutes dünkt und so das menschlich Schöne u. Berechtigte mit der ererbten Gewalt zu Boden tritt. Und nicht zu übersehen ist es, daß es eben diese feindliche Gewalt ist, welche das Paar einander fast blindlings in die Arme wirft.[31]

This is clear enough. One remembers Storm's hatred of the aristocracy in spite of the good friends he had among their number. But to explain *Aquis submersus* away as a story about class-consciousness, set in the seventeenth century to avoid giving personal offence, is obviously inadequate. In an earlier diary entry he had discussed generally the concept of guilt in his *Novellen*, answering the charge,

daß die Personen meiner Novellistik ohne eigne Schuld zu Grunde gingen. Wenn das ein Einwand *gegen* mich sein soll, so beruht derselbe auf einer zu engen Auffassung des *Tragischen*. Der vergebliche Kampf gegen das, was durch die Schuld oder auch nur die Begrenzung, die Unzulänglichkeit des Ganzen, der Menschheit, von der der (wie man sich ausdrückt) „Held" ein

[31] Entry from Storm's diary, "Was der Tag giebt", April/May 1883, quoted from photocopy of original in the possession of the Theodor-Storm-Gesellschaft, Husum, cf. Gertrud Storm, *Theodor Storm, Ein Bild seines Lebens,* Berlin, 1912–13, II, p. 176.

Theil ist, der sich nicht abzulösen vermag, diesem entgegensteht, und sein oder seines eigentlichen Lebens dadurch herbeigeführter Untergang scheint mir das Allertragischste. (Carst. Curator, Renate, *Aquis Subm.* bei welchem Letzteren ich an keine Schuld des Paares gedacht habe.)[32]

Here he attaches little significance to the question of personal guilt on the part of the tragic hero, since the term itself is unsatisfactory for him. What for Storm is tragic is the hopeless struggle of the individual against the inadequacy of the whole of mankind, hopeless since the individual too is part of that whole. The inevitable outcome of this predetermined conflict will be either the hero's destruction or, and this is characteristic of Storm, the ruin of his "eigentliches Leben". In this sense even *Renate*, which has an apparently happy ending, can be regarded as a tragedy. This is particularly interesting, since the lovers are reunited at the end; but only after wasting the whole of their productive lives in isolation; and this is the real tragedy for Storm. "Liebe ist nichts als Angst des sterblichen Menschen vor dem Alleinsein": these much quoted words from *Im Schloß* are only another formulation of Storm's view of human tragic experience. Love is the only defence against loneliness; loneliness, however, is a living form of that oblivion which awaits "der sterbliche Mensch" after death. To condemn a man to separation from the woman he loves and who loves him is to condemn him to a living death. Thus *Aquis submersus*, where likewise the couple remain alive at the end, is also a clear tragedy in Storm's sense. The death of their child is sad, but it is not the tragedy of the *Novelle*; the tragic situation is that finally through this death the lovers are condemned to a life of separation, a life which, in any sense, is thus bound to be uncreative and leave no trace for posterity. As in *Immensee*, where Storm altered the ending to remove the account of

[32] "Was der Tag giebt", 1 October 1880 (for 1881), quoted from photocopy of original, cf. Gertrud Storm, *Th. St.*, II, p. 175.

Elisabeth's childless marriage and the death of the child born to Reinhard and the wife he eventually took, so in *Aquis submersus* all details of the life of Katharina and Johannes after their parting were erased, as being clearly irrelevant to the tragic issue. The lovers are parted, consequently they will remain unproductive. This is both the tragedy and the "penance" of Johannes and Katharina, a penance which is intensely personal although suffered because of the collective "guilt" of the human condition. Such a view of guilt and atonement is far removed from either the legalistic one familiar to Storm or the moralistic one of the seventeenth-century Johannes:

die leute wollen für die tragik schuld d.h. speciell eigne schuld des helden und dann busze. das ist aber zu eng, zu juristisch. Wir büszen im leben viel öfter für die schuld des allgemeinen, wovon wir ein teil sind, für die der menschheit, des zeitalters, worin wir leben, des standes, in dem oder mit dem wir leben (so in *Aquis submersus*; denn an eine Schuld des Paares habe ich nicht gedacht), für die schuld der vererbung, des angeborenen und für die entsetzlichen dinge, die daraus hervorgehen, gegen die wir nichts vermögen, für die unüberwindlichen schranken . . . wer im kampfe dagegen unterliegt, das ist der echt tragische held, und so ist's in *Aquis submersus* u.a.[33]

Against Storm's own definition, therefore, Johannes, who fights this battle and loses, is without any shadow of doubt a true tragic hero.

Commenting on Erich Schmidt's reference in an article to the "Verschuldung des Paares" in *Aquis submersus*, Storm sent him perhaps his clearest definition of tragic guilt, which combines elements from both his diary entries:

[33] Composite from A. Biese, "Das Problem des Tragischen", *Neue Jahrbücher für Philologie und Paedagogik*, Jg. 66, Bd. 154, Leipzig, 1896, zweite Abteilung, p. 104, and *Pädagogik und Poesie*, Vermischte Aufsätze, Neue Folge, Berlin, 1905, p. 184. Cf. also Thomas Mann, "Theodor Storm, der Mensch", *Schriften der Theodor-Storm-Gesellschaft*, 13, 1964, pp. 47–52.

Es ist ein eigen Ding, die specielle Schuld des Helden für das Tragische zu verlangen. . . . Ich muß nun auch nach meinem Sinn die Schuldfrage für das Tragische viel weiter fassen; der Held (lassen wir diesen Ausdruck) fällt eigentlich nie durch eigne Schuld, sondern durch die *Schuld* oder *Unzulänglichkeit* des Menschenthums, sei dieß Feindliche in ihm selbst gelegen oder in einem außer ihm bestehenden Bruchtheil der Menschheit, möge er gegen diese oder gegen sich selbst zu kämpfen haben und dadurch selbst oder mit seinem Glück zu Trümmern gehen. So ist es in Aquis Subm. (wo ich an keine Schuld des Paares gedacht) so in „Renate", wo das Feindliche sowohl in die Seele des Helden, als in die Außenwelt gelegt ist und so die schöne Zeit der Liebe in Trümmer schlägt.[34]

The tragic hero in Storm's special sense, then, may have to combat a "hostile element" in either himself or a section of humanity; in neither case will he bear a truly personal guilt, but rather a guilt that is incurred in consequence of the imperfect nature of mankind. Storm wondered here, too, whether it was possible to draw a distinction between dramatic and epic, active and passive "Tragik". Storm's conception of tragic guilt is debatable, and was in any case written down some years after the *Novellen* to which it is applied. It does, however, illuminate the tragic fate of Johannes, who in his vain struggle on behalf of "das menschlich Schöne und Berechtigte" in a guilty society, is himself made guilty through that society's fault and incurs the penance of isolation. The equally inevitable consequence, as Storm keeps continually in the reader's mind, especially through his choice of symbol and motif, is that he thereby fails even more tragically to make a positive contribution to man's struggle against mortality. In this way Johannes' narrative explores, though it may not answer

[34] "Für Freund Erich", notes by Storm for Erich Schmidt enclosed in a letter of ? September 1881. Quoted from original in Schiller-National-Museum, Marbach. Schmidt's article appeared in *Deutsche Rundschau,* July 1880, also in Schmidt's *Charakteristiken,* 1. Reihe, Berlin, 1902.

unambiguously, the question of guilt and chance raised in the frame.

The two parts of this narrative, representing the two episodes in Johannes' love-affair, although of unequal length, run a strikingly similar course. Each has an introduction (which includes Johannes' reverie about his childhood in the first notebook). The action opens in each case with Johannes sketching or painting a picture; there ensues the commission to paint another portrait. As these two major works take form the real story of the lovers develops first to its climax, their union and the conception of their son, and then to the catastrophe, the reunion five years later and the little boy's death. In an epilogue to each part Johannes paints a further portrait. The train of events of the first notebook is repeated more tragically in the second, and they are linked ironically by the contrasting pairs of portraits—the dead Gerhardus and the risen Lazarus-Gerhardus, the ill-assorted "Ehepaar", Katharina and the pastor, and a presumptive bride and a dead baby. The opening and closing scenes of the two sequences are related through Johannes' reminiscences, and his final departure empty-handed from Katharina's husband's house is connected too with that from her father's house many years previously to go to Holland by echoes and contrasts in wording, timing and situation. The repeating pattern of events, the interrelation of incidents, suggest strongly that Johannes is heading along a predetermined path; the opening and closing scenes of the real action, where he paints a death-bed portrait, first of his patron, then of his child, indicate that this path is bounded by death.

The two "events" of the story come about in exactly the same way, even though the nature of the opposition to the lovers in the two parts of the manuscript is different. On the one hand social prejudice and class-consciousness, combined in Junker Wulf with fateful hereditary traits, on

xli

the other "religious" blindness: these two hostile forces operate in the two parts of Johannes' tale in exact parallel. The moment of union of the lovers is brought about at the same stage in each part by equivalent actions by their opponents. First Junker Wulf's dogs literally chase Johannes into Katharina's room; then, later, the action of the pastor in driving his flock to the witch-burning and that spectacle itself impel Johannes to seek seclusion in the village. In both cases the flight of the artist is accompanied by scenes showing his adversaries in their true colours—in the wild dance at Hans Ottsen's and in the attitudes to the witch-burning, which is an occasion for general merriment. Johannes is twice manœuvred into a position where he has to choose between the accepted conventions of his day and "das menschlich Schöne und Berechtigte". Whatever he does he will be in some way guilty, whether he in fact makes a conscious decision or not. (The accompanying images of pagan god of love and god of death on these two occasions reduce still further Johannes' responsibility for his actions.) And indeed, however he behaves, whether trying to influence the course of events in the first part of his story, or allowing them to lead him five years later, the result is the same. Here the force of the repeating pattern of the two sections is felt—whether active or passive, Johannes still suffers the same inevitable fate to bear the guilt which is properly that of the evil society he is fighting.

The involuntary but inescapable nature of Johannes' guilt is emphasized even more by the supernatural circumstances attending both the "selige Nacht" and the moment of reunion. In both instances the inevitable fulfilment of a curse seems to be imminent, through the family legend on the one hand and on the other through the shrouds over the pastor's roof. It is in relation to these two scenes that Katharina's guilt, if she bears any, can be understood. Even more than Johannes she is the helpless victim of the "Schuld des Ganzen". Comparable in her family with the

xlii

daughter of the ancestress, in society with the witch, Katharina must be judged accordingly.

Her instinctive action in helping Johannes into her room when he is in danger is the only humanly possible one for her in the circumstances; once he is there the implications of the situation are clear to her: "Da ich in meine Kammer dich gelassen, so werd' ich doch dein Weib auch werden müssen." These words are virtually her last in the first part of the story, and indeed until her meeting with Johannes at the end of the second part. She has committed herself fully and responsibly to Johannes as his wife; this marriage would have been her "eigentliches Leben". It is not her fault that the relationship which here reaches unexpectedly its logical and natural consummation should never be accorded the sanction of authority, either secular or religious, but that she should be regarded as a "sinner". Although she refers to herself in this way at her reunion with Johannes she does so so mechanically and impersonally —"Er nahm die Sünderin zum Weibe"—as to give rise to the strong suspicion that the words she uses by no means coincide with her private thoughts. Her cry when Johannes reminds her that she was first his wife—"Weh mir! O wehe, mein entweihter armer Leib!"—is possibly ambiguous in its context, but comparable instances from Storm's other work suggest strongly that the violation of her body to which Katharina here refers is that of marriage to an unloved man, rather than that of bearing out of lawful wedlock the child of the man whom she regarded in a natural and real sense as her husband. This view is in no way invalidated by the fact that she has avoided Johannes since realizing that he was the strange painter, and here tries to send him away, nor by her prayer for forgiveness (significantly only for "diese Stunde"). However valid her former union with Johannes (and she implicitly argues her case by bidding him farewell only "here on earth"), to submit to his embrace after becoming the lawful wife of

xliii

another puts her into an equivocal position. Through the actions of others in preventing her from marrying the man she instinctively recognized as her husband, and forcing her to marry an unloved man, she will now, whichever way she turns, be "sündig".

This is the dreadful situation in this *Novelle*, the sheer impossibility of escaping tragedy. This is demonstrated clearly through the figure of Gerhardus and his relationship to the lovers. He is the condition for their happiness. He foresaw this himself long before the chain of Johannes' "Schuld und Buße" began, as he tried to tell the young painter before his departure for Amsterdam: "es könnt geschehen, daß du bei deiner Heimkehr mich nicht daheim mehr fändest, und daß alsdann ein Willkomm nicht für dich am Thor geschrieben stünde". This is the real warning, the "Ruf", which Johannes hears, but fails to understand; without Gerhardus his aspirations to a life with Katharina are doomed to failure. From the moment of their spontaneous gesture of greeting (and of union—"und über dem Sarge hatten unsere Hände sich zum Gruß gefaßt") on his return to find his patron indeed "nicht daheim mehr", the pair find themselves engaged in a "vergeblicher Kampf" against the limitations of mortal existence and human society. Gerhardus is a figure conceived in obvious contrast to both of Johannes' antagonists; not only to Wulf, but also to the pastor, as the description of them shows. With their only ally gone, Johannes and Katharina are helplessly exposed to the unenlightened forces of their world and time. Their "Trotz" can only bring defeat.

And yet, by a bitter irony it is exactly the death of Gerhardus which, although ending all possibility of the marriage of Johannes and Katharina, at the same time makes it the more desirable. On his return to Gerhardus' estate from Holland Johannes is conscious above all of his indebtedness to his patron, which he hopes to discharge in part at least by his skill as a painter. Inevitably he, the "pupil" of Gerhardus, feels bound to take over the role of Katharina's protector in a hostile world now her father is gone, and so to attempt to repay in a different but equally meaningful way his debt. Yet his efforts to this end implicate him more and more in guilt. The child born to them, Gerhardus' grandchild and heir, which should have represented the eventual happy outcome of Johannes' striving for Katharina's happiness, necessarily in the climate of their day forces them apart. As the symbol of their union the child has no longer a claim to existence when that union itself is dead. Thus a union begun in the shadow of death finds its ultimate symbol in death. And it is indeed through painting, as Johannes had once hoped, though in a way he could never have foreseen, that he discharges his debt to his patron.

For later in his life he does at last settle with Gerhardus in the only way still open to him, through the skill which Gerhardus had alone made possible. And so Johannes finally paints his patron, at the same time by an unwitting irony securing for himself a kind of immortality. For the picture which should have rendered him immortal, the Lazarus, vanishes. We remember that the painting of this picture seemed to offer Johannes a second beginning, a new life. But in the painting the face of Lazarus under the painter's hand, but without his conscious guidance, assumes the features of Gerhardus. The implication is clear: unless Gerhardus can be raised from the dead the new beginning for Johannes and Katharina can be no more auspicious than the first. In fact it is less so, for the face of Gerhardus bears here a "stumme Klage"; this is the man to whom the painter expects to have to make his reckoning "einstmals in der Ewigkeit". As he looks at his work in Storm's first draft of the *Novelle* Johannes has a strange hallucination: "ich hörte die bleichen Lippen reden: Wie hast du mir's gedankt an meinem Kinde!" But

xlv

the countenance of Gerhardus which remains for posterity is a very different one. Unlike the Lazarus, the painting of the old man, "ernst und milde", with his dead grandchild safe in his arms, has survived, and in surprisingly good condition, "noch wohl erhalten". This portrait, which was the dearest companion of Johannes' old age, reassures the reader too. We do not see it painted, and so can only surmise as to the artist's feelings at the time. But it seems clear that, whilst it is certainly an acceptance of responsibility for the course events have taken, it is too, paradoxically, a statement of the rightness of Johannes' intentions. Junker Wulf, we and Johannes learn, died childless; this dead child was the true heir of Gerhardus. This is Johannes' real repayment to his patron, certainly for Storm, an heir in whom he (and Johannes) would live again. The picture shows clearly how the end of Johannes' story develops logically out of the beginning; how, forced ever closer together by the "Unzulänglichkeit" of society, Johannes and Katharina are compelled along a path which, through no real fault of their own, can only lead by a full circle to their eventual guilt-laden parting. At the same time, with an ironic dualism, it shows too what could and should have been.

Indeed, to Johannes at the time the tragic outcome must have seemed less than inevitable. It is the first of a series of unlucky chances which brings the painter back to Gerhardus' estate just too late to find him alive (though perhaps still in time to save his daughter). From this moment the artist is dogged by a sequence of coincidences which might in several cases have been fortunate, but which in fact turned out to be the reverse. Loosely these incidents form a continuous line in the first notebook, but in the second the apparently fortuitous happenings are so closely linked that they give the impression of an inevitable pattern, and in particular through their connection with the dark pastor. This enigmatic figure, looking disturbingly like fate, almost seems to direct events, ensuring the tragic rather than the happy outcome. He is responsible for bringing the lovers together again and indirectly, through his absence, for their reunion; then, after the catastrophe has occurred, it is he who takes each parent in turn to the dead child, and finally parts them, setting them on their path to the penance of isolation. And in the end he turns to the painter, whose craft he had previously despised, for a last service to the dead child they both loved. But though Johannes takes this painting as an opportunity to record and perpetuate an acknowledgment of guilt, the pastor's reason for wanting it for his church is a quite different one: "Mög' es dort die Menschen mahnen, daß vor der knöchern Hand des Todes alles Staub ist!" Both in his person and in his words the preacher has brought Johannes to face the real tragedy of human existence, certainly in Storm's eyes, human mortality.

It is the bony hand of death which has been the painter's real adversary throughout. Death has been discovered under many guises in the *Novelle*; in the paintings, in the —for Storm—characteristic motifs of hand and eye; in the "Buhz" of Katharina's childhood, associated with the owl, for Storm the bird of death.[35] And in water, the sea. From almost imperceptible beginnings it is presented as a real or potential source of growing danger throughout. Especially in the more reflective second part of Johannes' narrative, with its coastal setting, the sea makes itself felt ever more insistently with the same message as in all Storm's work, poetry and prose alike. From *Auf dem Staatshof*, or even from *Immensee* onwards, where Reinhard becomes entangled in the water-plants on his midnight swim, a surprisingly large number of Storm's *Novellen*, among them most of his best and most characteristic ones, are intimately concerned with an actual or potential drowning.[36] There is, too, often

[35] In the poem *Käuzlein,* for instance.
[36] *Auf der Universität, Draußen im Heidedorf, Viola tricolor, Psyche,*

a highly ambiguous element present—do these people drown by accident or by (suicidal) intent? "durch Zufall" or "durch Schuld"? Is it *casu* or *culpa*?

The sea is present in the background in the second part of Johannes' narrative at every decisive step he takes, from the moment he gazes from the pastor's church at its "schreckende Unendlichkeit". His awareness of it in a personal connection begins, significantly, after he has taken his decision to go out to the village on the day of the witch-burning. "So geschah es," he writes, "daß alles sich erfüllen mußte, was ich getreulich in diesen Blättern niederschreiben werde." And in the end, as he leaves Katharina for ever, he becomes aware, "daß ich vom fernen Strand die Brandung tosen hörete", and from the sea a sound "gleich einem finsteren Wiegenliede: Aquis submersus—aquis submersus!" The "far shore", the "sombre cradle song", these are images of death. The sea, even as the "dunkler Strom" which bore his thoughts to Katharina, has accompanied Johannes on his path to tragedy, pointing the direction he is taking; a course which seems to have resulted from chance happenings and yet, at the end, on looking back, has clearly followed an appointed path; a course on which events, with or without Johannes' active intervention, have moved to an inevitable conclusion; a course whose end was predetermined from the beginning. At a significant point earlier in his story Johannes is himself brought to consider the question of personal destiny in its relation to guilt and chance. As he visits the pastor for the first time to start the painting which opens the final stage of the tragedy which is to be his own lot they visit the church and are reminded how the great flood some thirty years previously had, by a strange chance,

Bötjer Basch, Carsten Curator, Hans und Heinz Kirch, John Riew', Der Schimmelreiter, Eine Sylter Novelle. Ein Doppelgänger contains a very similar tragedy.

carried the sexton to land on one half of the roof of his family home, his father and brother "in die Ewigkeit hinaus" on the other. "Des Höchsten Strafgericht" is how the pastor interprets this flood; "Gottes Wort" thinks Johannes simply. In face of the apparent arbitrariness with which "des Höchsten Hand" rewards or punishes here and throughout the *Novelle* there can be no question of the causality of "Schuld und Buße" as usually understood. Personal guilt is over-ridden as the determining factor in human tragedy. The child in this little scene, itself marked for death, instinctively seeking protection from the limitless sea, represents man, "fast winzig" and helpless in the hand of the Almighty. That its death comes when and how it does, by an "accident" in a "guilty" moment of its parents, is their private calamity. The greater catastrophe, what constitutes for Storm the tragedy of humankind, is that death should come at all. "Gottes Wort" as Johannes, contemplating the sea, comprehends it and as *Aquis submersus* demonstrates it is that sooner or later, "durch Zufall" or "durch Schuld", the individual will be "hinabgerissen" into the "schwarze Fluth" of human destiny; and this destiny, in the end, is death, submergence in the waters of oblivion.

At the end of the *Novelle* there is no return to a cosier present. The manuscript breaks off as Johannes is left walking into a future which could hold nothing for him but loneliness and death; the final paragraph of *Aquis submersus* confirms that oblivion was all that he achieved.

The Johannes who walks away is already resigned; the last small flicker of "Trotz"—his hand and Katharina's on the handle on either side of a locked door (a harsh final reminder of their joined hands over Gerhardus' coffin)—is in vain. He goes, to grow into the subdued old man who wrote the chronicle which here ends. Does his resignation thus soften the edge of his tragedy for the reader? Soon after completing *Aquis submersus* Storm wrote to his friend

Wilhelm Petersen: "Eins sollte mir leid tun: wenn meine Dichtung nur, ,rührend' wäre. Sie sollte erschütternd sein, sonst taugt sie nichts."[37] In Storm's own day and in ours there have been readers who have found even Storm's later *Novellen* merely "touching", especially since most of them do reflect an attitude of resignation.[38] Storm himself saw the danger when he wrote to one such reader, Erich Schmidt: "Allerdings, die Resignation geht mehr aufs Rühren, und freilich fällt dieser ein großer—der größte Theil meiner Sachen anheim."[39] But *Aquis submersus* was one work in which he had aimed to realize his artistic aim, to "erschüttern", as he believed the tragically inclined *Novelle* should.[40] And he succeeded; not because little Johannes dies, not even just because Johannes loses Katharina and with her his life's purpose and happiness, but because in this *Novelle* man's struggle against an inescapable fate is depicted with the utmost convincingness. Of *Aquis submersus* Storm wrote: "Ich habe . . . nicht rühren wollen; ich hatte dazu . . . ein zu herbes Gefühl des unerbittlichen Menschengeschickes in mir."[41] This "inexorable destiny" is loneliness, and in its acutest form, human transience; "Vergessen und Vergessenwerden".[42] Long after reading *Aquis submersus*, when details of character or plot may well be forgotten, the impression of the evanescence of human joy and human life remains indelibly in the mind; and this is as Storm would have wished it:

[37] Storm to Petersen, 13 July 1876, *Briefe an seine Freunde*, p. 128.

[38] For instance E. K. Bennett, *A History of the German Novelle*, 2nd edn, Cambridge, 1961, p. 165. Also p. 162.

[39] Storm to Erich Schmidt, 26 June 1880. Manuscript, Schiller-National-Museum, Marbach.

[40] Storm to Erich Schmidt, 26 June 1880: "Jedenfalls ist mein künstlerisches Bekenntniß, daß eine aufs Tragische gestellte Novelle, wenn sie ist, wie sie sein soll, so gut wie die Tragödie erschüttern und nicht rühren soll."

[41] Storm to Erich Schmidt, 26 June 1880. The other three *Novellen* he mentions with *Aquis submersus* are *Carsten Curator*, *Waldwinkel* and *Eekenhof*.

[42] So the theme is expressed in *Waldwinkel*.

1

"aber zwischen ‚Rühren' und ‚Erschüttern' steht bei mir wesentlich ein Drittes, nemlich: *den Leser in einer herben Nachdenklichkeit über die Dinge* [des] *Lebens zurückzulassen. Ich glaube, daß dieß mir besonders eigen ist.*"[43] Our last sight of Johannes walking back across the heath alone, the village behind him, the sound of the surf from the distant shore in his ears, marks the closing of a circle. Still a young man, he brings us back to the starting-point of our story; we can imagine him, as he ages, standing like the man in the frame in the "Schloßgarten" (as indeed Storm first thought of portraying him), looking back "nachdenklich" at one of the places of his youth. On to Johannes the young man is superimposed Johannes in old age, and on to the old painter in turn the man in the frame as he appears at the beginning of *Aquis submersus*, as the image of man in Theodor Storm's *Novellen*.

COMPOSITION AND RECEPTION

Aquis submersus was written during the winter of 1875/76, in five months, as Storm wrote to his friend Heyse, "langsam, nur die besten Morgenstunden daran wendend".[44] He hardly seemed to have begun the new enterprise at an auspicious time:

Mir ist es so ergangen: von August bis in den December plagte ich mich mit Nervenzuständen und meine Phantasie war ein kranker Vogel, der die Schwingen am Boden schleifte. Trotzdem begann ich eine seltsame Geschichte von anno 166*; aber weil es gar langsam vorwärts ging, so meinte ich jede Stunde, ich müsse mir's beweisen, ob ich's denn noch wirklich könne.[45]

[43] "Für Freund Erich."
[44] Storm to Heyse, 20 June 1876, *Storm-Heyse Briefwechsel*, vol. II, p. 19.
[45] Storm to Heyse, 16 April 1876, *Storm-Heyse Briefwechsel*, vol. II, p. 11.

To another friend, Emil Kuh, he admitted that his mood during its composition had been one of "Lebensmüdigkeit oder Verzagtheit" and he had been plagued with the fear, "als hätte meine poetische Zeugungskraft abgenommen"; [46] to his publisher he had explained in February 1876 that "allerlei Nervenkrampfzustände" had hindered the progress of the *Novelle*. [47] All in all, an unlikely start. Yet complaints about the difficult progression of the work in hand were not uncommon with Storm, particularly in the later period of his writing, and do not necessarily relate to the final achievement. He had, after all, worries enough, health, family and financial, to contend with during most of his lifetime, quite apart from an innate tendency to see trouble ahead (often rightly) and a conscientiousness which caused him to be a slow worker. Especially at this time his feeling of parental responsibility—*culpa patris*—for his son Hans was tormenting him, and perhaps left its first poetic precipitate in *Aquis submersus*. When the *Novelle* was completed, however, Storm was fully aware of his considerable achievement, as he indicated to his publishers: "Indem ich nun diese Arbeit Ihrer Sorge in Betreff des ,In die Welt gehens' anvertraue, habe ich die Ueberzeugung, daß ich Ihnen damit das Beste gebe, was an Prosa-Dichtung bisher aus meiner Feder aufs Papier gelangte." [48] His friends too received it enthusiastically; their comments held much praise and little blame, and it was felt by many to be one of Storm's masterpieces. [49]

Aquis submersus was first published in the *Deutsche*

[46] Storm to Kuh, 6 July 1876, *Storm-Kuh Briefwechsel*, p. 551.
[47] Storm to Gebrüder Paetel, 14 February 1876, manuscript, Schleswig-Holsteinische Landesbibliothek.
[48] Storm to Gebrüder Paetel, 13 September 1876, manuscript, Schleswig-Holsteinische Landesbibliothek.
[49] C. A. Bernd, *Storm-Heyse Briefwechsel,* vol. II, pp. 224–5, note 121, 23, quotes several of these opinions. Fontane preferred *Renate,* cf. Theodor Fontane, *Aufzeichnungen zur Literatur,* ed. H.-H. Reuter, Aufbau-Verlag Berlin-Weimar, 1969, pp. 76–7. For Turgenev's comments see *Notes,* 70, 8.

Rundschau, volume 9, for October 1876. Storm received 600 thalers and for the book-edition (in an edition of 2000) 300.[50] This was published by the firm of Paetel in Berlin in 1877, with a dedication to Storm's friend and "Landsmann", Wilhelm Jensen, "als Gruß aus der Heimat". This edition incorporated the textual corrections. It was also illustrated by Paul Meyerheim at Storm's suggestion, though he was very disappointed with the result, which took Junker Wulf's dogs as its main subject, and would, in Storm's view, have more suitably adorned a book on natural history![51] He maintained a high regard for the *Novelle*,[52] and was deeply grieved by its failure to make a second edition.[53] It was reprinted in 1886 in the collection of his chronicle *Novellen, Vor Zeiten*, again by the firm of Paetel. It appears in volume 11 of Storm's collected works, published by Westermann between 1868 and 1889, preceded by the poems *Geh nicht hinein* and *An Agnes Preller*, which, like it, tell of death and the transitoriness of human life.

[50] Storm to Heyse, 20 December 1876, *Storm-Heyse Briefwechsel*, vol. II, p. 24.

[51] Storm to Paetel, 15 May 1876 and 20 November 1876, manuscript, Schleswig-Holsteinische Landesbibliothek.

[52] Bernd, *Storm-Heyse Briefwechsel*, vol. II, p. 119, note 83, 2.

[53] Storm to Paetel, 27 March 1883. He accepted Paetel's rather awkward suggestion that the Latin title might be at fault, but in characteristic fashion did not change it (Storm to Paetel, 9 October 1885, 31 March 1883, all letters manuscript, Schleswig-Holsteinische Landesbibliothek).

SELECT BIBLIOGRAPHY

Editions of Storm's works:

Albert Köster, *Theodor Storms Sämtliche Werke*, Leipzig,
1919–24. (8 volumes, *Aquis submersus* is in volume 4.)
*Prolegomena zu einer Ausgabe der Werke Theodor Storms,
Berichte über die Verhandlungen der Sächsischen Gesellschaft
der Wissenschaften, Philologischhistorische Klasse*, LXX, 1918.
Köster explains his method of procedure in his edition.
Peter Goldammer, *Theodor Storm. Sämtliche Werke*, 3rd
edition, Aufbau-Verlag, Berlin and Weimar, 1972. (This
is a good recent edition in 4 volumes, containing
much useful material in the notes. *Aquis submersus*
is in volume 2; volume 4 contains selections from
diverse writings such as the *Kulturhistorische Skizzen* and
Storm's reminiscences of his youth, which are of interest
for *Aquis submersus*.)

Collections of letters quoted in this edition:

Theodor Storm, Briefe an seine Braut, ed. Gertrud Storm,
Berlin-Braunschweig-Hamburg, 1916.
*Theodor Storm, Briefe an seine Freunde Hartmuth Brinkmann
und Wilhelm Petersen,* ed. Gertrud Storm, Berlin-Braun-
schweig-Hamburg, 1917.
Theodor Storm—Paul Heyse Briefwechsel, ed. Clifford Albrecht
Bernd, vols. I and II, Berlin, 1969–70.
Der Briefwechsel zwischen Theodor Storm und Gottfried Keller,
ed. Peter Goldammer, Aufbau-Verlag, Berlin, 1960.
"Briefwechsel zwischen Theodor Storm und Emil Kuh",
ed. Paul R. Kuh, *Westermanns Monatshefte*, 67, 1889–90.

Theodor Storm, "Briefe an Georg Scherer und Detlev von Liliencron", ed. Franz Stuckert, *Schriften der Theodor-Storm-Gesellschaft*, 3, 1954.

Rosa Schapire, "Aus Briefen Theodor Storm an Hans Speckter", *Zeitschrift für Bücherfreunde*, Neue Folge 2, 1910.

Biographies:

Robert Pitrou, *La vie et l'œuvre de Theodor Storm*, Paris, 1920.

Gertrud Storm, *Theodor Storm, ein Bild seines Lebens*, 2 vols, Berlin, 1912–13.

Franz Stuckert, *Theodor Storm, sein Leben und seine Welt*, Bremen, 1955.

Schriften der Theodor-Storm-Gesellschaft:

These contain many valuable articles. The following in particular are helpful for *Aquis submersus*.

Clifford A. Bernd, "Das Verhältnis von erlittenem und überwundenem Vergänglichkeitsgefühl in Theodor Storms Erzählhaltung", 10, 1961, pp. 32–8. "Storms Literaturkritik—ein Weg zum neuen Verständnis seiner Dichtung", 17, 1968, pp. 77–81.

Paul Böckmann, "Theodor Storm und Fontane. Ein Beitrag zur Funktion der Erinnerung in Storms Erzählkunst", 17, 1968, pp. 85–93.

Karl Friedrich Boll, "Das Bonnixsche Epitaph in Drelsdorf und die Kirchenbilder in Theodor Storms Erzählung 'Aquis submersus'", 14, 1965, pp. 24–39.

"Das Problem der Zeit bei Theodor Storm", 18, 1969, pp. 54–76.

Karl Ernst Laage, "Das Erinnerungsmotiv in Theodor Storms Novellistik", 7, 1958, pp. 17–39.

Thomas Mann, "Theodor Storm, der Mensch", 13, 1964, pp. 47–52.

Monographs or articles on Storm of particular interest for
Aquis submersus:

Fritz Böttger, *Theodor Storm in seiner Zeit,* Berlin, 1958.
Hans Bracher, *Rahmenerzühlung und Verwandtes bei G. Keller,
C. F. Meyer und Th. Storm*, Leipzig, 1909.
Walter Brecht, "Storm und die Geschichte", *Deutsche
Vierteljahrsschrift*, 3, 1925, pp. 444–62.
Robert M. Browning, "Association and Disassociation in
Storm's Novellen", *PMLA*, 66, 1951, pp. 381–404.
Franz Kobes, *Kindheitserinnerungen und Heimatbeziehungen
bei Theodor Storm in Dichtung und Leben*, Berlin, 1916.
Enno Krey, *Das Tragische bei Theodor Storm*, Diss. Marburg,
1914.
Karl Ernst Laage, *Theodor Storm und Iwan Turgenjew,*
Heide, 1967.
Terence J. Rogers, *Techniques of Solipsism. A Study of
Theodor Storm's Narrative Fiction* (Modern Humanities
Research Association Dissertation Series, 1), Cambridge,
1970.
Erich Schmidt, "Theodor Storm", *Charakteristiken*, 1.
Reihe, Berlin, 1902.

Also:

Theodor Fontane, *Aufzeichnungen zur Literatur*, ed. H.-H.
Reuter, Aufbau-Verlag, Berlin and Weimar, 1969,
pp. 76–7 (a note on Storm's later *Novellen*).

Works on or having particular reference to *Aquis submersus*:

Clifford A. Bernd, *Theodor Storm's Craft of Fiction. The
Torment of a Narrator* (University of North Carolina
Studies in the Germanic Languages and Literatures, 55),
Second Edition, Chapel Hill, 1966.

Rudolf Buck, "Theodor Storm: 'Aquis submersus'", *Der Deutschunterricht*, 1953, Heft I, pp. 92–107.

Ernst Feise, "Theodor Storms 'Aquis submersus'. Eine Formanalyse", *Xenion: Essays in the History of German Literature*, Baltimore, 1950, pp. 226–40.

E. Allen McCormick, *Theodor Storm's Novellen. Essays in Literary Technique* (University of North Carolina Studies in the Germanic Languages and Literatures, 47) (Chapter Four, "Three Themes in *Aquis submersus*", pp. 99–129), Chapel Hill, 1964.

Thea Müller, *Theodor Storms Erzählung 'Aquis submersus'*, Marburg (Beiträge zur deutschen Literaturwissenschaft, 26), 1925.

Therese Rockenbach, *Theodor Storms Chroniknovellen*, Braunschweig, 1916.

Victor Steege, "Theodor Storm: 'Aquis submersus'", *Deutsche Novellen des 19. Jahrhunderts, Interpretationen zu Storm und Keller*, ed. Lothar Wittmann, Frankfurt a.M., 1961.

John H. Ubben, *The Cultural Background of Theodor Storm's Chroniknovellen*, Diss. Chicago, 1942.

E. O. Wooley, *Studies in Theodor Storm* (Indiana University Publications, Humanities Series 10), Bloomington, 1943.

—— *Theodor Storm's World in Pictures*, Bloomington, 1954.

Most works on the German *Novelle* treat *Aquis submersus* in greater or less detail, for instance:

E. K. Bennett, *A History of the German Novelle*, second edition, revised by H. M. Waidson, Cambridge, 1961.

Johannes Klein, *Geschichte der deutschen Novelle von Goethe bis zur Gegenwart*, Wiesbaden, 1954 (4th edition 1960).

Josef Kunz, *Die deutsche Novelle im 19. Jahrhundert*, Berlin, 1970 (*Grundlagen der Germanistik*, 10).

Fritz Lockemann, *Gestalt und Wandlungen der deutschen Novelle*, Munich, 1957.

It is also treated in some detail by:

Fritz Martini, *Deutsche Literatur im bürgerlichen Realismus, 1848–1898*, second edition, Stuttgart, 1964 (*Epochen der deutschen Literatur,* V/2).

Storm found material for *Aquis submersus* in:

Johannes Laß, *Sammelung einiger Husumischen Nachrichten von Anno 1089 bis Anno 1700*, Flensburg, 1750 (*Fortsetzung der Sammelung. . . . Zweyter Fortsetzung 8 Stücke*, Flensburg, 1752).

Karl Müllenhoff, *Sagen, Märchen und Lieder der Herzogtümer Schleswig, Holstein und Lauenburg*, Kiel, 1845.

An almost complete bibliography of critical writings on Storm up to the early 1950's, with evaluations of most of the works mentioned, can be obtained from:

E. O. Wooley, *Studies in Theodor Storm*, Bloomington, 1943, pp. 106–41.

Clifford A. Bernd, "Die gegenwärtige Theodor-Storm-Forschung, Eine Bibliographie", *Schriften der Theodor-Storm-Gesellschaft*, 3, 1954, pp. 60–79.

Hannelore Gebauer, "Beitrag zur Storm-Bibliographie", *Schriften der Theodor-Storm-Gesellschaft*, 5, 1956, pp. 60–71.

In addition other, later works are listed and evaluated in:

Clifford A. Bernd, *Theodor Storm's Craft of Fiction*, Chapel Hill, 1966, pp. 123–37.

AQUIS SUBMERSUS

In unserem zu dem früher herzoglichen Schlosse gehörigen, seit Menschengedenken aber ganz vernachlässigten „Schloßgarten" waren schon in meiner Knabenzeit die einst im altfranzösischen Stile angelegten Hagebuchenhecken zu dünnen, gespenstischen Alleen ausgewachsen; da sie indessen immerhin noch einige Blätter tragen, so wissen wir Hiesigen, durch Laub der Bäume nicht verwöhnt, sie gleichwohl auch in dieser Form zu schätzen; und zumal von uns nachdenklichen Leuten wird immer der eine oder andre dort zu treffen sein. Wir pflegen dann unter dem dürftigen Schatten nach dem sogenannten „Berg" zu wandern, einer kleinen Anhöhe in der nordwestlichen Ecke des Gartens oberhalb dem ausgetrockneten Bette eines Fischteiches, von wo aus der weitesten Aussicht nichts im Wege steht.

Die meisten mögen wohl nach Westen blicken, um sich an dem lichten Grün der Marschen und darüberhin an der Silberflut des Meeres zu ergötzen, auf welcher das Schattenspiel der langgestreckten Insel schwimmt; meine Augen wenden unwillkürlich sich nach Norden, wo, kaum eine Meile fern, der graue spitze Kirchturm aus dem höher belegenen, aber öden Küstenlande aufsteigt; denn dort liegt eine von den Stätten meiner Jugend.

Der Pastorssohn aus jenem Dorfe besuchte mit mir die „Gelehrtenschule" meiner Vaterstadt, und unzählige Male sind wir am Sonnabendnachmittage zusammen dahinaus gewandert, um dann am Sonntagabend oder montags früh zu unserem Nepos oder später zu unserem Cicero nach der Stadt zurückzukehren. Es war damals auf der Mitte des Weges noch ein gut Stück ungebrochener Heide übrig, wie sie sich einst nach der einen Seite bis fast zur Stadt, nach der anderen ebenso gegen das Dorf erstreckt hatte. Hier summten auf den Blüten des duftenden Heidekrauts die Immen und weißgrauen Hummeln und rannte unter den dürren Stengeln desselben der schöne goldgrüne Laufkäfer; hier in den Duftwolken der Eriken und des harzigen Gagelstrauches schwebten Schmetterlinge, die nirgends sonst zu finden waren. Mein ungeduldig dem Elternhause zustrebender Freund hatte oft seine liebe Not, seinen träumerischen Genossen durch all die Herrlichkeiten mit sich fortzubringen; hatten wir jedoch das angebaute Feld erreicht, dann ging es auch um desto munterer vorwärts, und bald, wenn wir nur erst den langen Sandweg hinaufwateten, erblickten wir auch schon über dem dunkeln Grün einer Fliederhecke den Giebel des Pastorhauses, aus dem das Studierzimmer des Pastors mit seinen kleinen blinden Fensterscheiben auf die bekannten Gäste hinabgrüßte.

Bei den Pastorsleuten, deren einziges Kind mein Freund war, hatten wir allezeit, wie wir hier zu sagen pflegen, fünf Quartier auf der Elle, ganz abgesehen von der wunderbaren Naturalverpflegung. Nur die Silberpappel, der einzig hohe und also auch einzig verlockende Baum des Dorfes, welche ihre Zweige ein gut Stück oberhalb des bemoosten Strohdaches rauschen ließ, war gleich dem Apfelbaum des Paradieses uns verboten und wurde daher nur heimlich von uns erklettert; sonst war, soviel ich mich entsinne, alles erlaubt und wurde je nach unserer Altersstufe bestens von uns ausgenutzt.

Der Hauptschauplatz unserer Taten war die große „Priesterkoppel", zu der ein Pförtchen aus dem Garten führte. Hier wußten wir mit dem den Buben angeborenen Instinkte die Nester der Lerchen und der Grauammern aufzuspüren, denen wir dann die wiederholtesten Besuche abstatteten, um nachzusehen, wie weit in den letzten zwei Stunden die Eier oder die Jungen nun gediehen seien; hier auf einer tiefen und, wie ich jetzt meine, nicht weniger als jene Pappel gefährlichen

Wassergrube, deren Rand mit alten Weidenstümpfen dicht umstanden war, fingen wir die flinken schwarzen Käfer, die wir „Wasserfranzosen" nannten, oder ließen wir ein andermal unsere auf einer eigens angelegten Werft erbaute Kriegsflotte aus Walnußschalen und Schachteldeckeln schwimmen. Im Spätsommer geschah es dann auch wohl, daß wir aus unserer Koppel einen Raubzug nach des Küsters Garten machten, welcher gegenüber dem des Pastorates an der anderen Seite der Wassergrube lag; denn wir hatten dort von zwei ver- krüppelten Apfelbäumen unseren Zehnten einzuheimsen, wo- für uns freilich gelegentlich eine freundschaftliche Drohung von dem gutmütigen alten Manne zuteil wurde. – So viele Jugendfreuden wuchsen auf dieser Priesterkoppel, in deren dürrem Sandboden andere Blumen nicht gedeihen wollten; nur den scharfen Duft der goldknopfigen Rainfarren, die hier haufenweis auf allen Wällen standen, spüre ich noch heute in der Erinnerung, wenn jene Zeiten mir lebendig werden.

Doch alles dieses beschäftigte uns nur vorübergehend; meine dauernde Teilnahme dagegen erregte ein anderes, dem wir selbst in der Stadt nichts an die Seite zu setzen hatten. – Ich meine damit nicht etwa die Röhrenbauten der Lehmwes- pen, die überall aus den Mauerfugen des Stalles hervorragten, obschon es anmutig genug war, in beschaulicher Mittagsstunde das Aus- und Einfliegen der emsigen Tierchen zu beobach- ten; ich meine den viel größeren Bau der alten und ungewöhn- lich stattlichen Dorfkirche. Bis an das Schindeldach des hohen Turmes war sie von Grund auf aus Granitquadern aufgebaut und beherrschte, auf dem höchsten Punkt des Dorfes sich erhebend, die weite Schau über Heide, Strand und Marschen. – Die meiste Anziehungskraft für mich hatte indes das Innere der Kirche; schon der ungeheure Schlüssel, der von dem Apo- stel Petrus selbst zu stammen schien, erregte meine Phantasie. Und in der Tat erschloß er auch, wenn wir ihn glücklich dem alten Küster abgewonnen hatten, die Pforte zu manchen wunderbaren Dingen, aus denen eine längst vergangene Zeit hier wie mit finstern, dort mit kindlich frommen Augen, aber

3

immer in geheimnisvollem Schweigen zu uns Lebenden auf-
blickte. Da hing mitten in die Kirche hinab ein schrecklich
übermenschlicher Crucifixus, dessen hagere Glieder und ver-
zerrtes Antlitz mit Blute überrieselt waren; dem zur Seite
an einem Mauerpfeiler haftete gleich einem Nest die braunge-
schnitzte Kanzel, an der aus Frucht- und Blattgewinden allerlei Tier- und Teufelsfratzen sich hervorzudrängen schienen.
Besondere Anziehung aber übte der große geschnitzte Altarschrank im Chor der Kirche, auf dem in bemalten Figuren
die Leidensgeschichte Christi dargestellt war; so seltsam
wilde Gesichter, wie das des Kaiphas oder die der Kriegsknechte, welche in ihren goldenen Harnischen um des Gekreu-
zigten Mantel würfelten, bekam man draußen im Alltagsleben
nicht zu sehen; tröstlich damit kontrastierte nur das holde
Antlitz der am Kreuze hingesunkenen Maria; ja, sie hätte
leicht mein Knabenherz mit einer phantastischen Neigung
bestricken können, wenn nicht ein anderes mit noch stärke-
rem Reize des Geheimnisvollen mich immer wieder von ihr
abgezogen hätte.

Unter all diesen seltsamen oder wohl gar unheimlichen
Dingen hing im Schiff der Kirche das unschuldige Bildnis
eines toten Kindes, eines schönen, etwa fünfjährigen Knaben,
der, auf einem mit Spitzen besetzten Kissen ruhend, eine
weiße Wasserlilie in seiner kleinen bleichen Hand hielt. Aus
dem zarten Antlitz sprach neben dem Grauen des Todes, wie
hülfeflehend, noch eine letzte holde Spur des Lebens; ein un-
widerstehliches Mitleid befiel mich, wenn ich vor diesem
Bilde stand.

Aber es hing nicht allein hier; dicht daneben schaute aus
dunklem Holzrahmen ein finsterer, schwarzbärtiger Mann in
Priesterkragen und Sammar. Mein Freund sagte mir, es sei
der Vater jenes schönen Knaben; dieser selbst, so gehe noch
heute die Sage, solle einst in der Wassergrube unserer Priesterkoppel seinen Tod gefunden haben. Auf dem Rahmen la-
sen wir die Jahreszahl 1666; das war lange her. Immer wieder
zog es mich zu diesen beiden Bildern; ein phantastisches Ver-

langen ergriff mich, von dem Leben und Sterben des Kindes
eine nähere, wenn auch noch so karge Kunde zu erhalten;
selbst aus dem düsteren Antlitz des Vaters, das trotz des Prie-
sterkragens mich fast an die Kriegsknechte des Altarschranks
gemahnen wollte, suchte ich sie herauszulesen.

– – Nach solchen Studien in dem Dämmerlicht der alten
Kirche erschien dann das Haus der guten Pastorsleute nur
um so gastlicher. Freilich war es gleichfalls hoch zu Jahren,
und der Vater meines Freundes hoffte, so lange ich denken
konnte, auf einen Neubau; da aber die Küsterei an derselben
Altersschwäche litt, so wurde weder hier noch dort gebaut. –
Und doch, wie freundlich waren trotzdem die Räume des alten Hauses; im Winter die kleine Stube rechts, im Sommer die
größere links vom Hausflur, wo die aus den Reformationsalmanachen herausgeschnittenen Bilder in Mahagonirähmchen
an der weißgetünchten Wand hingen, wo man aus dem west-
lichen Fenster nur eine ferne Windmühle, außerdem aber den
ganzen weiten Himmel vor sich hatte, der sich abends in ro-
senrotem Schein verklärte und dann das ganze Zimmer über-
glänzte! Die lieben Pastorsleute, die Lehnstühle mit den roten
Plüschkissen, das alte tiefe Sofa, auf dem Tisch beim Abend-
brot der traulich sausende Teekessel – es war alles helle,
freundliche Gegenwart. Nur eines Abends – wir waren derzeit schon Sekundaner – kam mir der Gedanke, welch eine
Vergangenheit an diesen Räumen hafte, ob nicht gar jener
tote Knabe einst mit frischen Wangen hier leibhaftig umher-
gesprungen sei, dessen Bildnis jetzt wie mit einer wehmütig
holden Sage den düsteren Kirchenraum erfüllte.

Veranlassung zu solcher Nachdenklichkeit mochte geben,
daß ich am Nachmittage, wo wir auf meinen Antrieb wieder
einmal die Kirche besucht hatten, unten in einer dunkeln
Ecke des Bildes vier mit roter Farbe geschriebene Buchstaben
entdeckt hatte, die mir bis jetzt entgangen waren.

„Sie lauten C. P. A. S.", sagte ich zu dem Vater meines
Freundes; „aber wir können sie nicht enträtseln."

„Nun", erwiderte dieser, „die Inschrift ist mir wohl bekannt; und nimmt man das Gerücht zu Hülfe, so möchten die beiden letzten Buchstaben wohl mit Aquis submersus, also mit ,Ertrunken' oder wörtlich ,Im Wasser versunken' zu deuten sein; nur mit dem vorangehenden C. P. wäre man dann noch immer in Verlegenheit! Der junge Adjunktus unseres Küsters, der einmal die Quarta passiert ist, meint zwar, es könne Casu periculoso – ,Durch gefährlichen Zufall' – heißen; aber die alten Herren jener Zeit dachten logischer; wenn der Knabe dabei ertrank, so war der Zufall nicht nur bloß gefährlich."

Ich hatte begierig zugehört. „Casu", sagte ich; „es könnte auch wohl ,Culpa' heißen?"

„Culpa?" wiederholte der Pastor. „Durch Schuld? – aber durch wessen Schuld?"

Da trat das finstere Bild des alten Predigers mir vor die Seele, und ohne viel Besinnen rief ich: „Warum nicht: Culpa patris?"

Der gute Pastor war fast erschrocken. „Ei, ei, mein junger Freund", sagte er und erhob warnend den Finger gegen mich. „Durch Schuld des Vaters? – So wollen wir trotz seines düsteren Ansehens meinen seligen Amtsbruder doch nicht beschuldigen. Auch würde er dergleichen wohl schwerlich von sich haben schreiben lassen."

Dies letztere wollte auch meinem jugendlichen Verstande einleuchten; und so blieb denn der eigentliche Sinn der Inschrift nach wie vor ein Geheimnis der Vergangenheit.

Daß übrigens jene beiden Bilder sich auch in der Malerei wesentlich vor einigen alten Predigerbildnissen auszeichneten, welche gleich daneben hingen, war mir selbst schon klargeworden; daß aber Sachverständige in dem Maler einen tüchtigen Schüler altholländischer Meister erkennen wollten, erfuhr ich freilich jetzt erst durch den Vater meines Freundes. Wie jedoch ein solcher in dieses arme Dorf verschlagen worden oder woher er gekommen und wie er geheißen habe, darüber wußte auch er mir nichts zu sagen. Die Bilder selbst enthielten weder einen Namen noch ein Malerzeichen.

Die Jahre gingen hin. Während wir die Universität besuchten, starb der gute Pastor, und die Mutter meines Schulgenossen folgte später ihrem Sohne auf dessen inzwischen anderswo erreichte Pfarrstelle; ich hatte keine Veranlassung mehr, nach jenem Dorfe zu wandern. – Da, als ich selbst schon in meiner Vaterstadt wohnhaft war, geschah es, daß ich für den Sohn eines Verwandten ein Schülerquartier bei guten Bürgersleuten zu besorgen hatte. Der eigenen Jugendzeit gedenkend, schlenderte ich im Nachmittagssonnenscheine durch die Straßen, als mir an der Ecke des Marktes über der Tür eines alten hochgegiebelten Hauses eine plattdeutsche Inschrift in die Augen fiel, die verhochdeutscht etwa lauten würde:

> Gleich so wie Rauch und Staub verschwindt,
> Also sind auch die Menschenkind.

Die Worte mochten für jugendliche Augen wohl nicht sichtbar sein; denn ich hatte sie nie bemerkt, sooft ich auch in meiner Schulzeit mir einen Heißewecken bei dem dort wohnenden Bäcker geholt hatte. Fast unwillkürlich trat ich in das Haus; und in der Tat, es fand sich hier ein Unterkommen für den jungen Vetter. Die Stube ihrer alten „Möddersch" (Mutterschwester) – so sagte mir der freundliche Meister –, von der sie Haus und Betrieb geerbt hätten, habe seit Jahren leer gestanden; schon lange hätten sie sich einen jungen Gast dafür gewünscht.

Ich wurde eine Treppe hinaufgeführt, und wir betraten dann ein ziemlich niedriges, altertümlich ausgestattetes Zimmer, dessen beide Fenster mit ihren kleinen Scheiben auf den geräumigen Marktplatz hinausgingen. Früher, erzählte der Meister, seien zwei uralte Linden vor der Tür gewesen; aber er habe sie schlagen lassen, da sie allzusehr ins Haus gedunkelt und auch hier die schöne Aussicht ganz verdeckt hätten.

Über die Bedingungen wurden wir bald in allen Teilen einig; während wir dann aber noch über die jetzt zu treffende Einrichtung des Zimmers sprachen, war mein Blick auf ein im Schatten eines Schrankes hängendes Ölgemälde gefallen, das plötzlich meine ganze Aufmerksamkeit hinwegnahm. Es war noch wohlerhalten und stellte einen älteren, ernst und milde blickenden Mann dar, in einer dunklen Tracht, wie in der Mitte des siebzehnten Jahrhunderts sie diejenigen aus den vornehmeren Ständen zu tragen pflegten, welche sich mehr mit Staatssachen oder gelehrten Dingen als mit dem Kriegshandwerke beschäftigten.

Der Kopf des alten Herrn, so schön und anziehend und so trefflich gemalt er immer sein mochte, hatte indessen nicht diese Erregung in mir hervorgebracht; aber der Maler hatte ihm einen blassen Knaben in den Arm gelegt, der in seiner kleinen, schlaff herabhängenden Hand eine weiße Wasserlilie hielt; – und diesen Knaben kannte ich ja längst. Auch hier war es wohl der Tod, der ihm die Augen zugedrückt hatte.

„Woher ist dieses Bild?" frug ich endlich, da mir plötzlich bewußt wurde, daß der vor mir stehende Meister mit seiner Auseinandersetzung innegehalten hatte.

Er sah mich verwundert an. „Das alte Bild? Das ist von unserer Möddersch", erwiderte er; „es stammt von ihrem Urgroßonkel, der ein Maler gewesen und vor mehr als hundert Jahren hier gewohnt hat. Es sind noch andre Siebensachen von ihm da."

Bei diesen Worten zeigte er nach einer kleinen Lade von Eichenholz, auf welcher allerlei geometrische Figuren recht zierlich eingeschnitten waren.

Als ich sie von dem Schranke, auf dem sie stand, herunternahm, fiel der Deckel zurück, und es zeigten sich mir als Inhalt einige stark vergilbte Papierblätter mit sehr alten Schriftzügen.

„Darf ich die Blätter lesen?" frug ich.

„Wenn's Ihnen Pläsier macht", erwiderte der Meister, „so mögen Sie die ganze Sache mit nach Hause nehmen; es sind so alte Schriften; Wert steckt nicht darin."

Ich aber erbat mir und erhielt auch die Erlaubnis, diese wertlosen Schriften hier an Ort und Stelle lesen zu dürfen; und während ich mich dem alten Bilde gegenüber in einen mächtigen Ohrenlehnstuhl setzte, verließ der Meister das Zimmer, zwar immer noch erstaunt, doch gleichwohl die freundliche Verheißung zurücklassend, daß seine Frau mich bald mit einer guten Tasse Kaffee regalieren werde.

Ich aber las und hatte im Lesen bald alles um mich her vergessen.

*

So war ich denn wieder daheim in unserm Holstenlande; am Sonntage Cantate war es Anno 1661! – Mein Malgeräth und sonstiges Gepäcke hatte ich in der Stadt zurückgelassen und wanderte nun fröhlich fürbaß, die Straße durch den maiengrünen Buchenwald, der von der See ins Land hinaufsteigt. Vor mir her flogen ab und zu ein paar Waldvöglein und letzten ihren Durst an dem Wasser, so in den tiefen Radgeleisen stund; denn ein linder Regen war gefallen über Nacht und noch gar früh am Vormittage, so daß die Sonne den Waldesschatten noch nicht überstiegen hatte.

Der helle Drosselschlag, der von den Lichtungen zu mir scholl, fand seinen Widerhall in meinem Herzen. Durch die Bestellungen, so mein theurer Meister van der Helst im letzten Jahre meines Amsterdamer Aufenthalts mir zugewendet, war ich aller Sorge quitt geworden; einen guten Zehrpfennig und einen Wechsel auf Hamburg trug ich noch itzt in meiner Taschen; dazu war ich stattlich angethan: mein Haar fiel auf mein Mäntelchen mit feinem Grauwerk, und der Lütticher Degen fehlte nicht an meiner Hüfte.

Meine Gedanken aber eilten mir voraus; immer sah ich Herrn Gerhardus, meinen edlen großgünstigen Protector, wie er von der Schwelle seines Zimmers mir die Hände würd' entgegenstrecken, mit seinem milden Gruße: „So segne Gott deinen Eingang, mein Johannes!"

Er hatte einst mit meinem lieben, ach, gar zu früh in die ewige Herrlichkeit genommenen Vater zu Jena die Rechte studiret und war auch nachmals den Künsten und Wissenschaften mit Fleiße obgelegen, so daß er dem Hochseligen Herzog Friederich bei seinem edlen, wiewohl wegen der Kriegsläufte vergeblichen Bestreben um Errichtung einer Landesuniversität ein einsichtiger und eifriger Berather gewesen. Obschon ein adeliger Mann, war er meinem lieben Vater doch stets in Treuen zugethan blieben, hatte auch nach dessen seligem Hintritt sich meiner verwaiseten Jugend mehr, als zu verhoffen, angenommen und nicht allein meine sparsamen Mittel aufgebessert, sondern auch durch seine fürnehme Bekanntschaft unter dem Holländischen Adel es dahin gebracht, daß mein theuerer Meister van der Helst mich zu seinem Schüler angenommen.

Meinte ich doch zu wissen, daß der verehrte Mann unversehrt auf seinem Herrenhofe sitze, wofür dem Allmächtigen nicht genug zu danken; denn, derweilen ich in der Fremde mich der Kunst beflissen, war daheim die Kriegsgreuel über das Land gekommen; so zwar, daß die Truppen, die gegen den kriegswüthigen Schweden dem Könige zum Beistand hergezogen, fast ärger als die Feinde selbst gehauset, ja selbst der Diener Gottes mehrere in jämmerlichen Tod gebracht. Durch den plötzlichen Hintritt des Schwedischen Carolus war nun zwar Friede; aber die grausamen Stapfen des Krieges lagen überall; manch Bauern- oder Käthnerhaus, wo man mich als Knaben mit einem Trunke süßer Milch bewirthet, hatte ich auf meiner Morgenwanderung niedergesenget am Wege liegen sehen und manches Feld in ödem Unkraut, darauf sonst um diese Zeit der Roggen seine grünen Spitzen trieb.

Aber solches beschwerete mich heut nicht allzu sehr; ich hatte nur Verlangen, wie ich dem edlen Herrn durch meine Kunst beweisen möchte, daß er Gab und Gunst an keinen Unwürdigen verschwendet habe; dachte auch nicht an Strolche und verlaufen Gesindel, das vom Kriege her noch in den Wäldern Umtrieb halten sollte. Wohl aber tückete mich ein anderes, und das war der Gedanke an den Junker Wulf. Er war mir nimmer hold gewesen, hatte wohl gar, was sein edler Vater an mir gethan, als einen Diebstahl an ihm selber angesehen; und manches Mal, wenn ich, wie öfters nach meines lieben Vaters Tode, im Sommer die Vacanz auf dem Gute zubrachte, hatte er mir die schönen Tage vergället und versalzen. Ob er anitzt in seines Vaters Hause sei, war mir nicht kund geworden, hatte nur vernommen, daß er noch vor dem Friedensschlusse bei Spiel und Becher mit den Schwedischen Offiziers Verkehr gehalten, was mit rechter Holstentreue nicht zu reimen ist.

Indem ich dieß bei mir erwog, war ich aus dem Buchenwalde in den Richtsteig durch das Tannenhölzchen geschritten, das schon dem Hofe nahe liegt. Wie liebliche Erinnerung umhauchte mich der Würzeduft des Harzes; aber bald trat ich aus dem Schatten in den vollen Sonnenschein hinaus; da lagen zu beiden Seiten die mit Haselbüschen eingehegten Wiesen, und nicht lange, so wanderte ich zwischen den zwo Reihen gewaltiger Eichbäume, die zum Herrensitz hinaufführen.

Ich weiß nicht, was für ein bang Gefühl mich plötzlich überkam, ohn alle Ursach, wie ich derzeit dachte; denn es war eitel Sonnenschein umher, und vom Himmel herab klang ein gar herzlich und ermunternd Lerchensingen. Und siehe, dort auf der Koppel, wo der Hofmann seinen Immenhof hat, stand ja auch noch der alte Holzbirnenbaum und flüsterte mit seinen jungen Blättern in der blauen Luft.

„Grüß dich Gott!" sagte ich leis, gedachte dabei aber weniger des Baumes, als vielmehr des holden Gottesgeschöpfes, in dem, wie es sich nachmals fügen mußte, all Glück und Leid und auch all nagende Buße meines Lebens beschlossen sein sollte, für jetzt und alle Zeit. Das war des edlen Herrn Gerhardus Töchterlein, des Junkers Wulfen einzig Geschwister.

Item, es war bald nach meines lieben Vaters Tode, als ich zum ersten Mal die ganze Vacanz hier verbrachte; sie war derzeit ein neunjährig Dirnlein, die ihre braunen Zöpfe lustig fliegen ließ; ich zählte um ein paar Jahre weiter. So trat ich eines Morgens aus dem Thorhaus; der alte Hofmann Dieterich, der ober der Einfahrt wohnt und neben dem als einem getreuen Mann mir mein Schlafkämmerlein eingeräumt war, hatte mir einen Eschenbogen zugerichtet, mir auch die Bolzen von tüchtigem Blei dazu gegossen, und ich wollte nun auf die

Raubvögel, deren genug bei dem Herrenhaus umherschrien; da kam sie vom Hofe auf mich zugesprungen.

„Weißt du, Johannes", sagte sie; „ich zeig dir ein Vogelnest; dort in dem hohlen Birnbaum; aber das sind Rotschwänzchen, die darfst du ja nicht schießen!"

Damit war sie schon wieder vorausgesprungen; doch eh sie noch dem Baum auf zwanzig Schritte nah gekommen, sah ich sie jählings stille stehn. „Der Buhz, der Buhz!" schrie sie und schüttelte wie entsetzt ihre beiden Händlein in der Luft.

Es war aber ein großer Waldkauz, der ober dem Loche des hohlen Baumes saß und hinabschauete, ob er ein ausfliegend Vögelein erhaschen möge. „Der Buhz, der Buhz!" schrie die Kleine wieder. „Schieß, Johannes, schieß!" – Der Kauz aber, den die Freßgier taub gemacht, saß noch immer und stierete in die Höhlung. Da spannte ich meinen Eschenbogen und schoß, daß das Raubthier zappelnd auf dem Boden lag; aus dem Baume aber schwang sich ein zwitschernd Vöglein in die Luft.

Seit der Zeit waren Katharina und ich zwei gute Gesellen mit einander; in Wald und Garten, wo das Mägdlein war, da war auch ich. Darob aber mußte mir gar bald ein Feind erstehen; das war der Kurt von der Risch, dessen Vater eine Stunde davon auf seinem reichen Hofe saß. In Begleitung seines gelahrten Hofmeisters, mit dem Herr Gerhardus gern der Unterhaltung pflag, kam er oftmals auf Besuch; und da er jünger war als Junker Wulf, so war er wohl auf mich und Katharinen angewiesen; insonders aber schien das braune Herrentöchterlein ihm zu gefallen. Doch war das schier umsonst; sie lachte nur über seine krumme Vogelnase, die ihm, wie bei fast allen des Geschlechtes, unter buschigem Haupthaar zwischen zwei merklich runden Augen saß. Ja, wenn sie seiner nur von fern gewahrte, so reckte sie wohl ihr Köpfchen vor und rief: „Johannes, der Buhz, der Buhz!" Dann versteckten wir uns hinter den Scheunen oder rannten wohl auch spornstreichs in den Wald hinein, der sich in einem Bogen um die Felder und danach wieder dicht an die Mauern des Gartens hinanzieht.

Darob, als der von der Risch deß inne wurde, kam es oftmals zwischen uns zum Haarraufen, wobei jedoch, da er mehr hitzig denn stark war, der Vortheil meist in meinen Händen blieb.

Als ich, um von Herrn Gerhardus Urlaub zu nehmen, vor meiner Ausfahrt in die Fremde zum letzten Mal, jedoch nur kurze Tage, hier verweilte, war Katharina schon fast wie eine Jungfrau; ihr braunes Haar lag itzt in einem goldnen Netz gefangen; in ihren Augen, wenn sie die Wimpern hob, war oft ein spielend Leuchten, das mich schier beklommen machte. Auch war ein alt gebrechlich Fräulein ihr zur Obhut beigegeben, so man im Hause nur „Bas' Ursel" nannte; sie ließ das Kind nicht aus den Augen und ging überall mit einer langen Tricotage neben ihr.

Als ich so eines Octobernachmittags im Schatten der Gartenhecken mit beiden auf und ab wandelte, kam ein lang aufgeschossener Gesell, mit spitzenbesetztem Lederwams und Federhut ganz alamode gekleidet, den Gang zu uns herauf; und siehe da, es war der Junker Kurt, mein alter Widersacher. Ich merkte allsogleich, daß er noch immer bei seiner schönen Nachbarin zu Hofe ging; auch daß insonders dem alten Fräulein solches zu gefallen schien. Das war ein „Herr Baron" auf alle Frag' und Antwort; dabei lachte sie höchst obligeant mit einer widrig feinen Stimme und hob die Nase unmäßig in die Luft; mich aber, wenn ich ja ein Wort dazwischen gab, nannte sie stetig „Er" oder kurzweg auch „Johannes", worauf der Junker dann seine runden Augen einkniff und im Gegentheile that, als sähe er auf mich herab, obschon ich ihn um halben Kopfes Länge überragte.

Ich blickte auf Katharinen; die aber kümmerte sich nicht um mich, sondern ging sittig neben dem Junker, ihm manierlich Red und Antwort gebend; den kleinen rothen Mund aber verzog mitunter ein spöttisch stolzes Lächeln, so daß ich dachte: ‚Getröste dich, Johannes; der Herrensohn schnellt itzo deine Waage in die Luft!' Trotzig blieb ich zurück und ließ die andern drei vor mir gehen. Als aber diese in das Haus ge-

13

treten waren und ich davor noch an Herrn Gerhardus' Blumenbeeten stand, darüber brütend, wie ich, gleich wie vormals, mit dem von der Risch ein tüchtig Haarraufen beginnen möchte, kam plötzlich Katharina wieder zurückgelaufen, riß neben mir eine Aster von den Beeten und flüsterte mir zu: „Johannes, weißt du was? Der Buhz sieht einem jungen Adler gleich; Bas' Ursel hat's gesagt!" Und fort war sie wieder, eh ich mich's versah. Mir aber war auf einmal all Trotz und Zorn wie weggeblasen. Was kümmerte mich itzund der Herr Baron! Ich lachte hell und fröhlich in den güldnen Tag hinaus; denn bei den übermüthigen Worten war wieder jenes süße Augenspiel gewesen. Aber diesmal hatte es mir gerad ins Herz geleuchtet.

Bald danach ließ mich Herr Gerhardus auf sein Zimmer rufen; er zeigte mir auf einer Karte noch einmal, wie ich die weite Reise nach Amsterdam zu machen habe, übergab mir Briefe an seine Freunde dort und sprach dann lange mit mir, als meines lieben seligen Vaters Freund. Denn noch selbigen Abends hatte ich zur Stadt zu gehen, von wo ein Bürger mich auf seinem Wagen mit nach Hamburg nehmen wollte.

Als nun der Tag hinabging, nahm ich Abschied. Unten im Zimmer saß Katharina an einem Stickrahmen; ich mußte der Griechischen Helena gedenken, wie ich sie jüngst in einem Kupferwerk gesehen; so schön erschien mir der junge Nackèn, den das Mädchen eben über ihre Arbeit neigte. Aber sie war nicht allein; ihr gegenüber saß Bas' Ursel und las laut aus einem französischen Geschichtenbuche. Da ich näher trat, hob sie die Nase nach mir zu. „Nun, Johannes", sagte sie, „Er will mir wohl Ade sagen? So kann Er auch dem Fräulein gleich Seine Reverenze machen!" – Da war schon Katharina von ihrer Arbeit aufgestanden; aber indem sie mir die Hand reichte, traten die Junker Wulf und Kurt mit großem Geräusch ins Zimmer; und sie sagte nur: „Leb wohl, Johannes!" Und so ging ich fort.

Im Thorhaus drückte ich dem alten Dieterich die Hand, der Stab und Ranzen schon für mich bereit hielt; dann wanderte ich zwischen den Eichbäumen auf die Waldstraße zu. Aber mir war dabei, als könne ich nicht recht fort, als hätt ich einen Abschied noch zu Gute, und stand oft still und schaute hinter mich. Ich war auch nicht den Richtweg durch die Tannen, sondern, wie von selber, den viel weiteren auf der großen Fahrstraße hingewandert. Aber schon kam vor mir das Abendroth überm Wald herauf, und ich mußte eilen, wenn mich die Nacht nicht überfallen sollte. „Ade, Katharina, ade!" sagte ich leise und setzte rüstig meinen Wanderstab in Gang.

Da, an der Stelle, wo der Fußsteig in die Straße mündet – in stürmender Freude stund das Herz mir still –, plötzlich aus dem Tannendunkel war sie selber da; mit glühenden Wangen kam sie hergelaufen, sie sprang über den trocknen Weggraben, daß die Fluth des seidenbraunen Haars dem güldnen Netz entstürzete; und so fing ich sie in meinen Armen auf. Mit glänzenden Augen, noch mit dem Odem ringend, schaute sie mich an. „Ich – ich bin ihnen fortgelaufen!" stammelte sie endlich; und dann, ein Päckchen in meine Hand drückend, fügte sie leis hinzu: „Von mir, Johannes! Und du sollst es nicht verachten!" Auf einmal aber wurde ihr Gesichtchen trübe; der kleine schwellende Mund wollte noch was reden, aber da brach ein Thränenquell aus ihren Augen, und wehmüthig ihr Köpfchen schüttelnd, riß sie sich hastig los. Ich sah ihr Kleid im finstern Tannensteig verschwinden; dann in der Ferne hört ich noch die Zweige rauschen, und dann stand ich allein. Es war so still, die Blätter konnte man fallen hören. Als ich das Päckchen aus einander faltete, da war's ihr güldner Pathenpfennig, so sie mir oft gezeigt hatte; ein Zettlein lag dabei, das las ich nun beim Schein des Abendrothes. „Damit du nicht in Noth gerathest", stund darauf geschrieben. – Da streckt ich meine Arme in die leere Luft: „Ade, Katharina ade, ade!" – wohl hundertmal rief ich es in den stillen Wald hinein; – und erst mit sinkender Nacht erreichte ich die Stadt.

– – Seitdem waren fast fünf Jahre dahingegangen. – Wie würd ich heute alles wiederfinden?

Und schon war ich am Thorhaus und sah drunten im Hof die alten Linden, hinter deren lichtgrünem Laub die beiden Zackengiebel des Herrenhauses itzt verborgen lagen. Als ich aber durch den Thorweg gehen wollte, jagten vom Hofe her zwei fahlgraue Bullenbeißer mit Stachelhalsbändern gar wild gegen mich heran; sie erhuben ein erschreckliches Geheul, der eine sprang auf mich und fletschete seine weißen Zähne dicht vor meinem Antlitz. Solch einen Willkommen hatte ich noch niemalen hier empfangen. Da, zu meinem Glück, rief aus den Kammern ober dem Thore eine rauhe, aber mir gar traute Stimme. „Hallo!" rief sie; „Tartar, Türk!" Die Hunde ließen von mir ab, ich hörte es die Stiege herabkommen, und aus der Thür, so unter dem Thorgang war, trat der alte Dieterich.

Als ich ihn anschaute, sahe ich wohl, daß ich lang in der Fremde gewesen sei; denn sein Haar war schlohweiß geworden, und seine sonst so lustigen Augen blickten gar matt und betrübsam auf mich hin. „Herr Johannes!" sagte er endlich und reichte mir seine beiden Hände.

„Grüß Ihn Gott, Dieterich!" entgegnete ich. „Aber seit wann haltet Ihr solche Bluthunde auf dem Hof, die die Gäste anfallen gleich den Wölfen?"

„Ja, Herr Johannes", sagte der Alte, „die hat der Junker hergebracht."

„Ist denn der daheim?"

Der Alte nickte.

„Nun", sagte ich, „die Hunde mögen schon vonnöthen sein; vom Krieg her ist noch viel verlaufen Volk zurückgeblieben."

„Ach, Herr Johannes!" Und der alte Mann stund immer noch, als wolle er mich nicht zum Hof hinauf lassen. „Ihr seid in schlimmer Zeit gekommen!"

Ich sah ihn an, sagte aber nur: „Freilich, Dieterich; aus mancher Fensterhöhlung schaut statt des Bauern itzt der Wolf heraus; hab dergleichen auch gesehen; aber es ist ja Frieden worden, und der gute Herr im Schloß wird helfen, seine Hand ist offen."

Mit diesen Worten wollte ich, obschon die Hunde mich wieder anknurreten, auf den Hof hinausgehen; aber der Greis trat mir in den Weg. „Herr Johannes", rief er, „ehe Ihr weiter gehet, höret mich an! Euer Brieflein ist zwar richtig mit der Königlichen Post von Hamburg kommen; aber den rechten Leser hat es nicht mehr finden können."

„Dieterich!" schrie ich. „Dieterich!"

„– Ja, ja, Herr Johannes! Hier ist die gute Zeit vorbei; denn unser theurer Herr Gerhardus liegt aufgebahret dort in der Kapellen, und die Gueridons brennen an seinem Sarge. Es wird nun anders werden auf dem Hofe; aber – ich bin ein höriger Mann, mir ziemet Schweigen."

Ich wollte fragen: „Ist das Fräulein, ist Katharina noch im Hause?" Aber das Wort wollte nicht über meine Zunge.

Drüben, in einem hinteren Seitenbau des Herrenhauses, war eine kleine Kapelle, die aber, wie ich wußte, seit lange nicht benutzt war. Dort also sollte ich Herrn Gerhardus suchen.

Ich fragte den alten Hofmann: „Ist die Kapelle offen?", und als er es bejahete, bat ich ihn, die Hunde anzuhalten; dann ging ich über den Hof, wo niemand mir begegnete; nur einer Grasmücke Singen kam oben aus den Lindenwipfeln.

Die Thür zur Kapellen war nur angelehnt, und leis und gar beklommen trat ich ein. Da stund der offene Sarg, und die rothe Flamme der Kerzen warf ihr flackernd Licht auf das edle Antlitz des geliebten Herrn; die Fremdheit des Todes, so darauf lag, sagte mir, daß er itzt eines andern Lands Genosse sei. Indem ich aber neben dem Leichnam zum Gebete hinknien wollte, erhub sich über den Rand des Sarges mir genüber ein junges blasses Antlitz, das aus schwarzen Schleiern fast erschrocken auf mich schaute.

Aber nur, wie ein Hauch verweht, so blickten die braunen Augen herzlich zu mir auf, und es war fast wie ein Freudenruf: „O Johannes, seid Ihr's denn? Ach, Ihr seid zu spät gekommen!" Und über dem Sarge hatten unsere Hände sich zum Gruß gefaßt; denn es war Katharina, und sie war so schön

17

geworden, daß hier im Angesicht des Todes ein heißer Puls des Lebens mich durchfuhr. Zwar, das spielende Licht der Augen lag itzt zurückgeschrecket in der Tiefe; aber aus dem schwarzen Häubchen drängten sich die braunen Löcklein, und der schwellende Mund war um so röther in dem blassen Antlitz.

Und fast verwirret auf den Todten schauend, sprach ich: „Wohl kam ich in der Hoffnung, an seinem lebenden Bilde ihm mit meiner Kunst zu danken, ihm manche Stunde genüber zu sitzen und sein mild und lehrreich Wort zu hören. Laßt mich denn nun die bald vergehenden Züge festzuhalten suchen."

Und als sie unter Thränen, die über ihre Wangen strömten, stumm zu mir hinübernickte, setzte ich mich in ein Gestühlte und begann auf einem von den Blättchen, die ich bei mir führte, des Todten Antlitz nachzubilden. Aber meine Hand zitterte; ich weiß nicht, ob alleine vor der Majestät des Todes.

Während dem vernahm ich draußen vom Hofe her eine Stimme, die ich für die des Junker Wulf erkannte; gleich danach schrie ein Hund wie nach einem Fußtritt oder Peitschenhiebe; und dann ein Lachen und einen Fluch von einer andern Stimme, die mir gleicherweise bekannt deuchte.

Als ich auf Katharinen blickte, sah ich sie mit schier entsetzten Augen nach dem Fenster starren; aber die Stimmen und die Schritte gingen vorüber. Da erhub sie sich, kam an meine Seite und sahe zu, wie des Vaters Antlitz unter meinem Stift entstund. Nicht lange, so kam draußen ein einzelner Schritt zurück; in demselben Augenblick legte Katharina die Hand auf meine Schulter, und ich fühlte, wie ihr junger Körper bebte.

Sogleich auch wurde die Kapellenthür aufgerissen; und ich erkannte den Junker Wulf, obschon sein sonsten bleiches Angesicht itzt roth und aufgedunsen schien.

„Was huckst du allfort an dem Sarge!" rief er zu der Schwester. „Der Junker von der Risch ist da gewesen, uns seine

Condolenze zu bezeigen; du hättest ihm wohl den Trunk kredenzen mögen!"

Zugleich hatte er meiner wahrgenommen und bohrete mich mit seinen kleinen Augen an. – „Wulf", sagte Katharina, indem sie mit mir zu ihm trat; „es ist Johannes, Wulf."

Der Junker fand nicht vonnöthen, mir die Hand zu reichen; er musterte nur mein violenfarben Wams und meinte: „Du trägst da einen bunten Federbalg; man wird dich ‚Sieur' nun tituliren müssen!"

„Nennt mich, wie's Euch gefällt!" sagte ich, indem wir auf den Hof hinaustraten. „Obschon mir dorten, von wo ich komme, das ‚Herr' vor meinem Namen nicht gefehlet – Ihr wißt wohl, Eueres Vaters Sohn hat großes Recht an mir."

Er sah mich was verwundert an, sagte dann aber nur: „Nun wohl, so magst du zeigen, was du für meines Vaters Gold erlernet hast; und soll dazu der Lohn für deine Arbeit dir nicht verhalten sein."

Ich meinete, was den Lohn anginge, den hätte ich längst vorausbekommen; da aber der Junker entgegnete, er werd es halten, wie sich's für einen Edelmann gezieme, so fragte ich, was für Arbeit er mir aufzutragen hätte.

„Du weißt doch", sagte er und hielt dann inne, indem er scharf auf seine Schwester blickte – „wenn eine adelige Tochter das Haus verläßt, so muß ihr Bild darin zurückbleiben."

Ich fühlte, daß bei diesen Worten Katharina, die an meiner Seite ging, gleich einer Taumelnden nach meinem Mantel haschte; aber ich entgegnete ruhig: „Der Brauch ist mir bekannt; doch, wie meinet Ihr denn, Junker Wulf?"

„Ich meine", sagte er hart, als ob er einen Gegenspruch erwarte, „daß du das Bildniß der Tochter dieses Hauses malen sollst!"

Mich durchfuhr's fast wie ein Schrecken; weiß nicht, ob mehr über den Ton oder die Deutung dieser Worte; dachte auch, zu solchem Beginnen sei itzt kaum die rechte Zeit.

Da Katharina schwieg, aus ihren Augen aber ein flehentlicher Blick mir zuflog, so antwortete ich: „Wenn Eure edle

19

Schwester es mir vergönnen will, so hoffe ich Eueres Vaters Protection und meines Meisters Lehre keine Schande anzu-thun. Räumet mir nur wieder mein Kämmerlein ober dem Thorweg bei dem alten Dieterich, so soll geschehen, was Ihr wünschet."

Der Junker war das zufrieden und sagte auch seiner Schwe-ster, sie möge einen Imbiß für mich richten lassen.

Ich wollte über den Beginn meiner Arbeit noch eine Frage thun; aber ich verstummte wieder, denn über den empfange-nen Auftrag war plötzlich eine Entzückung in mir aufgestie-gen, daß ich fürchtete, sie könne mit jedem Wort hervor-brechen. So war ich auch der zwo grimmen Köter nicht gewahr worden, die dort am Brunnen sich auf den heißen Steinen sonnten. Da wir aber näher kamen, sprangen sie auf und fuhren mit offenem Rachen gegen mich, daß Katharina einen Schrei that, der Junker aber einen schrillen Pfiff, worauf sie heulend ihm zu Füßen krochen. „Beim Höllenelemente", rief er lachend, „zwo tolle Kerle; gilt ihnen gleich, ein Sau-schwanz oder Flandrisch Tuch!"

„Nun, Junker Wulf" – ich konnte der Rede mich nicht wohl enthalten –, „soll ich noch einmal Gast in Eueres Va-ters Hause sein, so möget Ihr Euere Thiere bessere Sitte leh-ren!"

Er blitzte mich mit seinen kleinen Augen an und riß sich ein paar Mal in seinen Zwickelbart. „Das ist nur so ihr Will-kommensgruß, Sieur Johannes!" sagte er dann, indem er sich bückte, um die Bestien zu streicheln. „Damit jedweder wisse, daß ein ander Regiment allhier begonnen; denn – wer mir in die Quere kommt, den hetz ich in des Teufels Rachen!"

Bei den letzten Worten, die er heftig ausgestoßen, hatte er sich hoch aufgerichtet; dann pfiff er seinen Hunden und schritt über den Hof dem Thore zu.

Ein Weilchen schaute ich hinterdrein; dann folgte ich Ka-tharinen, die unter dem Lindenschatten stumm und gesenkten Hauptes die Freitreppe zu dem Herrenhaus emporstieg; eben-so schweigend gingen wir mitsammen die breiten Stufen in das Oberhaus hinauf, allwo wir in des seligen Herrn Gerhardus Zimmer traten. – Hier war noch alles, wie ich es vordem gesehen; die goldgeblümten Ledertapeten, die Karten an der Wand, die saubern Pergamentbände auf den Regalen, über dem Arbeitstische der schöne Waldgrund von dem älteren Ruisdael – und dann davor der leere Sessel. Meine Blicke blieben daran haften; gleichwie drunten in der Kapellen der Leib des Entschlafenen, so schien auch dies Gemach mir itzt entseelet und, obschon vom Walde draußen der junge Lenz durchs Fenster leuchtete, doch gleichsam von der Stille des Todes wie erfüllet.

Ich hatte auf Katharinen in diesem Augenblicke fast vergessen. Da ich mich umwandte, stand sie schier reglos mitten in dem Zimmer, und ich sah, wie unter den kleinen Händen, die sie daraufgepreßt hielt, ihre Brust in ungestümer Arbeit ging. „Nicht wahr", sagte sie leise, „hier ist itzt niemand mehr; niemand als mein Bruder und seine grimmen Hunde?"

„Katharina!" rief ich; „was ist Euch? Was ist das hier in Eueres Vaters Haus?"

„Was es ist, Johannes?" Und fast wild ergriff sie meine beiden Hände; und ihre jungen Augen sprühten wie in Zorn und Schmerz. „Nein, nein; laß erst den Vater in seiner Gruft zur Ruhe kommen! Aber dann – du sollst mein Bild ja malen, du wirst eine Zeitlang hier verweilen – dann, Johannes, hilf mir; um des Todten willen, hilf mir!"

Auf solche Worte, von Mitleid und von Liebe ganz bezwungen, fiel ich vor der Schönen, Süßen nieder und schwur ihr mich und alle meine Kräfte zu. Da lösete sich ein sanfter Thränenquell aus ihren Augen, und wir saßen neben einander und sprachen lange zu des Entschlafenen Gedächtniß.

Als wir sodann wieder in das Unterhaus hinabgingen, fragte ich auch dem alten Fräulein nach.

„Oh", sagte Katharina, „Bas' Ursel! Wollt Ihr sie begrüßen? Ja, die ist auch noch da; sie hat hier unten ihr Gemach, denn die Treppen sind ihr schon längsthin zu beschwerlich."

Wir traten also in ein Stübchen, das gegen den Garten lag,

wo auf den Beeten vor den grünen Heckenwänden soeben die Tulpen aus der Erde brachen. Bas' Ursel saß, in der schwarzen Tracht und Krepphaube nur wie ein schwindend Häufchen anzuschauen, in einem hohen Sessel und hatte ein Nonnenspielchen vor sich, das, wie sie nachmals mir erzählte, der Herr Baron – nach seines Vaters Ableben war er solches itzund wirklich – ihr aus Lübeck zur Verehrung mitgebracht.

„So", sagte sie, da Katharina mich genannt hatte, indeß sie behutsam die helfenbeinern Pflöcklein um einander steckte, „ist Er wieder da, Johannes? – Nein, es geht nicht aus! O, c'est un jeu très-compliqué!"

Dann warf sie die Pflöcklein über einander und schauete mich an. „Ei", meinte sie, „Er ist gar stattlich angethan; aber weiß Er denn nicht, daß Er in ein Trauerhaus getreten ist?"

„Ich weiß es, Fräulein", entgegnete ich; „aber da ich in das Thor trat, wußte ich es nicht."

„Nun", sagte sie und nickte gar begütigend; „so eigentlich gehöret Er ja auch nicht zur Dienerschaft."

Über Katharinens blasses Antlitz flog ein Lächeln, wodurch ich mich jeder Antwort wohl enthoben halten mochte. Vielmehr rühmte ich der alten Dame die Anmuth ihres Wohngemaches; denn auch der Epheu von dem Thürmchen, das draußen an der Mauer aufstieg, hatte sich nach dem Fenster hingesponnen und wiegete seine grünen Ranken vor den Scheiben.

Aber Bas' Ursel meinete, ja, wenn nur nicht die Nachtigallen wären, die itzt schon wieder anhüben mit ihrer Nachtunruhe; sie könne ohnedem den Schlaf nicht finden; und dann auch sei es schier zu abgelegen; das Gesinde sei von hier aus nicht im Aug zu halten; im Garten draußen aber passire eben nichts, als etwan, wann der Gärtnerbursche an den Hecken oder Buchsrabatten putze.

– Und damit hatte der Besuch seine Endschaft; denn Katharina mahnte, es sei nachgerade an der Zeit, meinen wegemüden Leib zu stärken.

Ich war nun in meinem Kämmerchen ober dem Hofthor ein-
logiret, dem alten Dieterich zur sondern Freude; denn am
Feierabend saßen wir auf seiner Tragkist, und ließ ich mir,
gleich wie in der Knabenzeit, von ihm erzählen. Er rauchte
dann wohl eine Pfeife Tabak, welche Sitte durch das Kriegs-
volk auch hier in Gang gekommen war, und holete allerlei
Geschichten aus den Drangsalen, so sie durch die fremden
Truppen auf dem Hof und unten in dem Dorf hatten erlei-
den müssen; einmal aber, da ich seine Rede auf das gute Frölen Katharina gebracht und er erst nicht hatt ein Ende finden
können, brach er gleichwohl plötzlich ab und schauete mich
an.

„Wisset Ihr, Herr Johannes", sagte er, „'s ist grausam schad,
daß Ihr nicht auch ein Wappen habet gleich dem von der
Risch da drüben!"

Und da solche Rede mir das Blut ins Gesicht jagete, klopfte
er mit seiner harten Hand mir auf die Schulter, meinend:
„Nun, nun, Herr Johannes; 's war ein dummes Wort von mir;
wir müssen freilich bleiben, wo uns der Herrgott hingesetzet."

Weiß nicht, ob ich derzeit mit solchem einverstanden gewesen, fragete aber nur, was der von der Risch denn itzund
für ein Mann geworden.

Der Alte sah mich gar pfiffig an und paffte aus seinem
kurzen Pfeiflein, als ob das theure Kraut am Feldrain
wüchse. „Wollet Ihr's wissen, Herr Johannes?" begann er
dann. „Er gehöret zu denen muntern Junkern, die im Kieler
Umschlag den Bürgersleuten die Knöpfe von den Häusern
schießen; Ihr möget glauben, er hat treffliche Pistolen! Auf
der Geigen weiß er nicht so gut zu spielen; da er aber ein
lustig Stücklein liebt, so hat er letzthin den Rathsmusikanten,
der überm Holstenthore wohnt, um Mitternacht mit seinem
Degen aufgeklopfet, ihm auch nicht Zeit gelassen, sich Wams
und Hosen anzuthun. Statt der Sonnen stand aber der Mond
am Himmel, es war octavis trium regum und fror Pickelsteine;
und hat also der Musikante, den Junker mit dem Degen hinter
sich, im blanken Hemde vor ihm durch die Gassen geigen

müssen! – – Wollet Ihr mehr noch wissen, Herr Johannes? – Zu Haus bei ihm freuen sich die Bauern, wenn der Herrgott sie nicht mit Töchtern gesegnet; und dennoch – – aber nach seines Vaters Tode hat er Geld, und unser Junker, Ihr wisset's wohl, hat schon vorher von seinem Erbe aufgezehrt."

Ich wußte freilich nun genug; auch hatte der alte Dieterich schon mit seinem Spruche: „Aber ich bin nur ein höriger Mann", seiner Rede Schluß gemacht.

– – Mit meinem Malgeräth war auch meine Kleidung aus der Stadt gekommen, wo ich im Goldenen Löwen Alles abgeleget, so daß ich anitzt, wie es sich ziemete, in dunkler Tracht einherging. Die Tagesstunden aber wandte ich zunächst in meinen Nutzen. Nämlich, es befand sich oben im Herrenhause neben des seligen Herrn Gemach ein Saal, räumlich und hoch, dessen Wände fast völlig von lebensgroßen Bildern verhänget waren, so daß nur noch neben dem Kamin ein Platz zu zweien offen stund. Es waren das die Voreltern des Herrn Gerhardus, meist ernst und sicher blickende Männer und Frauen, mit einem Antlitz, dem man wohl vertrauen konnte; er selbsten in kräftigem Mannesalter und Katharinens früh verstorbene Mutter machten dann den Schluß. Die beiden letzten Bilder waren gar trefflich von unserem Landsmanne, dem Eiderstedter Georg Ovens, in seiner kräftigen Art gemalet; und ich suchte nun mit meinem Pinsel die Züge meines edlen Beschützers nachzuschaffen; zwar in verjüngtem Maßstabe und nur mir selber zum Genügen; doch hat es später zu einem größeren Bildniß mir gedienet, das noch itzt hier in meiner einsamen Kammer die theuerste Gesellschaft meines Alters ist. Das Bildniß seiner Tochter aber lebt mit mir in meinem Innern.

Oft, wenn ich die Palette hingelegt, stand ich noch lange vor den schönen Bildern. Katharinens Antlitz fand ich in dem der beiden Eltern wieder: des Vaters Stirn, der Mutter Liebreiz um die Lippen; wo aber war hier der harte Mundwinkel, das kleine Auge des Junker Wulf? – Das mußte tiefer aus der Vergangenheit heraufgekommen sein! Langsam ging ich die

Reih der älteren Bildnisse entlang, bis über hundert Jahre weit hinab. Und siehe, da hing im schwarzen, von den Würmern schon zerfressenen Holzrahmen ein Bild, vor dem ich schon als Knabe, als ob's mich hielte, still gestanden war. Es stellete eine Edelfrau von etwa vierzig Jahren vor; die kleinen grauen Augen sahen kalt und stechend aus dem harten Antlitz, das nur zur Hälfte zwischen dem weißen Kinntuch und der Schleierhaube sichtbar wurde. Ein leiser Schauer überfuhr mich vor der so lang schon heimgegangenen Seele; und ich sprach zu mir: ‚Hier, diese ist's! Wie räthselhafte Wege gehet die Natur! Ein saeculum und drüber rinnt es heimlich wie unter einer Decke im Blute der Geschlechter fort; dann, längst vergessen, taucht es plötzlich wieder auf, den Lebenden zum Unheil. Nicht vor dem Sohn des edlen Gerhardus; vor dieser hier und ihres Blutes nachgeborenem Sprößling soll ich Katharinen schützen.‘ Und wieder trat ich vor die beiden jüngsten Bilder, an denen mein Gemüthe sich erquickte.

So weilte ich derzeit in dem stillen Saale, wo um mich nur die Sonnenstäublein spielten, unter den Schatten der Gewesenen.

Katharinen sah ich nur beim Mittagstische, das alte Fräulein und den Junker Wulf zur Seiten; aber wofern Bas' Ursel nicht in ihren hohen Tönen redete, so war es stets ein stumm und betrübsam Mahl, so daß mir oft der Bissen im Munde quoll. Nicht die Trauer um den Abgeschiedenen war deß Ursach, sondern es lag zwischen Bruder und Schwester, als sei das Tischtuch durchgeschnitten zwischen ihnen. Katharina, nachdem sie fast die Speisen nicht berührt, entfernte sich allzeit bald, mich kaum nur mit den Augen grüßend; der Junker aber, wenn ihm die Laune stund, suchte mich dann beim Trunke festzuhalten; hatte mich also hiegegen und, so ich nicht hinaus wollte über mein gestecktes Maß, überdem wider allerart Flosculn zu wehren, welche gegen mich gespitzet wurden.

Inzwischen, nachdem der Sarg schon mehrere Tage geschlossen gewesen, geschahe die Beisetzung des Herrn Gerhardus drunten in der Kirche des Dorfes, allwo das Erbbegräbniß ist und wo itzt seine Gebeine bei denen seiner Voreltern ruhen, mit denen der Höchste ihnen dereinst eine fröhliche Urständ wolle bescheren!

Es waren aber zu solcher Trauerfestlichkeit zwar mancherlei Leute aus der Stadt und den umliegenden Gütern gekommen, von Angehörigen aber fast wenige und auch diese nur entfernte, maßen der Junker Wulf der Letzte seines Stammes war und des Herrn Gerhardus Ehgemahl nicht hiesigen Geschlechts gewesen; darum es auch geschahe, daß in der Kürze alle wieder abgezogen sind.

Der Junker drängte nun selbst, daß ich mein aufgetragen Werk begönne, wozu ich droben in dem Bildersaale an einem nach Norden zu belegenen Fenster mir schon den Platz erwählet hatte. Zwar kam Bas' Ursel, die wegen ihrer Gicht die Treppen nicht hinauf konnte, und meinete, es möge am besten in ihrer Stuben oder im Gemach daran geschehen, so sei es uns beiderseits zur Unterhaltung; ich aber, solcher Gevatterschaft gar gern entrathend, hatte an der dortigen Westsonne einen rechten Malergrund dagegen, und konnte alles Reden ihr nicht nützen. Vielmehr war ich am andern Morgen schon dabei, die Nebenfenster des Saales zu verhängen und die hohe Staffelei zu stellen, so ich mit Hülfe Dieterichs mir selber in den letzten Tagen angefertigt.

Als ich eben den Blendrahmen mit der Leinewand darauf gelegt, öffnete sich die Thür aus Herrn Gerhardus' Zimmer, und Katharina trat herein. – Aus was für Ursach, wäre schwer zu sagen; aber ich empfand, daß wir uns dießmal fast erschrocken gegenüber standen; aus der schwarzen Kleidung, die sie nicht abgeleget, schaute das junge Antlitz in gar süßer Verwirrung zu mir auf.

„Katharina", sagte ich, „Ihr wisset, ich soll Euer Bildniß malen; duldet Ihr's auch gern?"

Da zog ein Schleier über ihre braunen Augensterne, und sie sagte leise: „Warum doch fragt Ihr so, Johannes?"

Wie ein Thau des Glückes sank es in mein Herz. „Nein,

nein, Katharina! Aber sagt, was ist, worin kann ich Euch dienen? – Setzet Euch, damit wir nicht so müßig überrascht werden, und dann sprecht! Oder vielmehr, ich weiß es schon. Ihr braucht mir's nicht zu sagen!"

Aber sie setzte sich nicht, sie trat zu mir heran. „Denket Ihr noch, Johannes, wie Ihr einst den Buhz mit Euerem Bogen niederschosset? Das thut dießmal nicht noth, obschon er wieder ob dem Neste lauert; denn ich bin kein Vöglein, das sich von ihm zerreißen läßt. Aber, Johannes – ich habe einen Blutsfreund –, hilf mir wider den!"

„Ihr meinet Eueren Bruder, Katharina!"

– „Ich habe keinen andern. – – Dem Manne, den ich hasse, will er mich zum Weibe geben! Während unseres Vaters langem Siechbett habe ich den schändlichen Kampf mit ihm gestritten, und erst an seinem Sarg hab ich's ihm abgetrotzt, daß ich in Ruhe um den Vater trauern mag; aber ich weiß, auch das wird er nicht halten."

Ich gedachte eines Stiftsfräuleins zu Preetz, Herrn Gerhardus' einzigen Geschwisters, und meinete, ob die nicht um Schutz und Zuflucht anzugehen sei.

Katharina nickte. „Wollt Ihr mein Bote sein, Johannes? – Geschrieben habe ich ihr schon, aber in Wulfs Hände kam die Antwort, und auch erfahren habe ich sie nicht, nur die ausbrechende Wuth meines Bruders, die selbst das Ohr des Sterbenden erfüllet hätte, wenn es noch offen gewesen wäre für den Schall der Welt; aber der gnädige Gott hatte das geliebte Haupt schon mit dem letzten Erdenschlummer zugedecket."

Katharina hatte sich nun doch auf meine Bitte mir genüber gesetzt, und ich begann die Umrisse auf die Leinewand zu zeichnen. So kamen wir zu ruhiger Berathung; und da ich, wenn die Arbeit weiter vorgeschritten, nach Hamburg mußte, um bei dem Holzschnitzer einen Rahmen zu bestellen, so stelleten wir fest, daß ich alsdann den Umweg über Preetz nähme und also meine Botschaft ausrichtete. Zunächst jedoch sei emsig an dem Werk zu fördern.

Es ist gar oft ein seltsam Widerspiel im Menschenherzen. Der Junker mußte es schon wissen, daß ich zu seiner Schwester stand; gleichwohl – hieß nun sein Stolz ihn, mich gering zu schätzen, oder glaubte er mit seiner ersten Drohung mich genug geschrecket –, was ich besorget, traf nicht ein; Katharina und ich waren am ersten wie an den andern Tagen von ihm ungestöret. Einmal zwar trat er ein und schalt mit Katharinen wegen ihrer Trauerkleidung, warf aber dann die Thür hinter sich, und wir hörten ihn bald auf dem Hofe ein Reiterstücklein pfeifen. Ein ander Mal noch hatte er den von der Risch an seiner Seite. Da Katharina eine heftige Bewegung machte, bat ich sie, auf ihrem Platz zu bleiben, und malete ruhig weiter. Seit dem Begräbnißtage, wo ich einen fremden Gruß mit ihm getauschet, hatte der Junker Kurt sich auf dem Hofe nicht gezeigt; nun trat er näher und beschauete das Bild und redete gar schöne Worte, meinete aber auch, weshalb das Fräulein sich so sehr vermummet und nicht vielmehr ihr seidig Haar in freien Locken auf den Nacken habe wallen lassen; wie es ein Engelländischer Poet so trefflich ausgedrücket, „rückwärts den Winden leichte Küsse werfend." Katharina aber, die bisher geschwiegen, wies auf Herrn Gerhardus' Bild und sagte: „Ihr wisset wohl nicht mehr, daß das mein Vater war!"

Was Junker Kurt hierauf entgegnete, ist mir nicht mehr erinnerlich; meine Person aber schien ihm ganz nicht gegenwärtig oder doch nur gleich einer Maschine, wodurch ein Bild sich auf die Leinewand malete. Von letzterem begann er über meinen Kopf hin dieß und jenes noch zu reden; da aber Katharina nicht mehr Antwort gab, so nahm er alsbald seinen Urlaub, der Dame angenehme Kurzweil wünschend.

Bei diesem Wort jedennoch sah ich aus seinen Augen einen raschen Blick gleich einer Messerspitze nach mir zücken.

– – Wir hatten nun weitere Störniß nicht zu leiden, und mit der Jahreszeit rückte auch die Arbeit vor. Schon stand auf den Waldkoppeln draußen der Roggen in silbergrauem Blust, und unten im Garten brachen schon die Rosen auf; wir beide aber – ich mag es heut wohl niederschreiben –, wir hätten itzund die Zeit gern stille stehen lassen; an meine Botenreise wagten, auch nur mit einem Wörtlein, weder sie noch ich zu rühren. Was wir gesprochen, wüßte ich kaum zu sagen; nur daß ich von meinem Leben in der Fremde ihr erzählte und wie ich immer heim gedacht; auch daß ihr güldner Pfennig mich in Krankheit einst vor Noth bewahrt, wie sie in ihrem Kinderherzen es damals fürgesorget, und wie ich später dann gestrebt und mich geängstet, bis ich das Kleinod aus dem Leihhaus mir zurückgewonnen hatte. Dann lächelte sie glücklich; und dabei blühete aus dem dunkeln Grund des Bildes immer süßer das holde Antlitz auf; mir schien's, als sei es kaum mein eigenes Werk. – Mitunter war's, als schaue mich etwas heiß aus ihren Augen an; doch wollte ich es dann fassen, so floh es scheu zurück; und dennoch floß es durch den Pinsel heimlich auf die Leinewand, so daß mir selber kaum bewußt ein sinnberückend Bild entstand, wie nie zuvor und nie nachher ein solches aus meiner Hand gegangen ist. – – Und endlich war's doch an der Zeit und festgesetzet, am andern Morgen sollte ich meine Reise antreten.

Als Katharina mir den Brief an ihre Base eingehändigt, saß sie noch einmal mir genüber. Es wurde heute mit Worten nicht gespielet; wir sprachen ernst und sorgenvoll mitsammen; indessen setzete ich noch hie und da den Pinsel an, mitunter meine Blicke auf die schweigende Gesellschaft an den Wänden werfend, deren ich in Katharinens Gegenwart sonst kaum gedacht hatte.

Da, unter dem Malen, fiel mein Auge auch auf jenes alte Frauenbildniß, das mir zur Seite hing und aus den weißen Schleiertüchern die stechend grauen Augen auf mich gerichtet hielt. Mich fröstelte, ich hätte nahezu den Stuhl verrücket.

Aber Katharinens süße Stimme drang mir in das Ohr: „Ihr seid ja fast erbleichet; was flog Euch übers Herz, Johannes?"

Ich zeigte mit dem Pinsel auf das Bild. „Kennet Ihr die, Katharina? Diese Augen haben hier all die Tage auf uns hingesehen."

29

„Die da? – Vor der hab ich schon als Kind eine Furcht gehabt, und gar bei Tage bin ich oft wie blind hier durchgelaufen. Es ist die Gemahlin eines früheren Gerhardus; vor weit über hundert Jahren hat sie hier gehauset."

„Sie gleicht nicht Euerer schönen Mutter", entgegnete ich; „dies Antlitz hat wohl vermocht, einer jeden Bitte nein zu sagen."

Katharina sah gar ernst zu mir herüber. „So heißt's auch", sagte sie; „sie soll ihr einzig Kind verfluchet haben; am andern Morgen aber hat man das blasse Fräulein aus einem Gartenteich gezogen, der nachmals zugedämmet ist. Hinter den Hecken, dem Walde zu, soll es gewesen sein."

„Ich weiß, Katharina; es wachsen heut noch Schachtelhalm und Binsen aus dem Boden."

„Wisset Ihr denn auch, Johannes, daß eine unseres Geschlechtes sich noch immer zeigen soll, sobald dem Hause Unheil droht? Man sieht sie erst hier an den Fenstern gleiten, dann draußen in dem Gartensumpf verschwinden."

Ohnwillens wandten meine Augen sich wieder auf die unbeweglichen des Bildes. „Und weshalb", fragte ich, „verfluchete sie ihr Kind?"

„Weshalb?" – Katharina zögerte ein Weilchen und blickte mich fast verwirret an mit allem ihrem Liebreiz. „Ich glaub, sie wollte den Vetter ihrer Mutter nicht zum Ehgemahl."

– „War es denn ein gar so übler Mann?"

Ein Blick fast wie ein Flehen flog zu mir herüber, und tiefes Rosenroth bedeckte ihr Antlitz. „Ich weiß nicht", sagte sie beklommen; und leiser, daß ich's kaum vernehmen mochte, setzte sie hinzu: „Es heißt, sie hab einen andern lieb gehabt; der war nicht ihres Standes."

Ich hatte den Pinsel sinken lassen; denn sie saß vor mir mit gesenkten Blicken; wenn nicht die kleine Hand sich leis aus ihrem Schoße auf ihr Herz geleget, so wäre sie selber wie ein leblos Bild gewesen.

So hold es war, ich sprach doch endlich: „So kann ich ja nicht malen; wollet Ihr mich nicht ansehen, Katharina?"

Und als sie nun die Wimpern von den braunen Augensternen hob, da war kein Hehlens mehr; heiß und offen ging der Strahl zu meinem Herzen. „Katharina!" Ich war aufgesprungen. „Hätte jene Frau auch dich verflucht?"

Sie athmete tief auf. „Auch mich, Johannes!" – Da lag ihr Haupt an meiner Brust, und fest umschlossen standen wir vor dem Bild der Ahnfrau, die kalt und feindlich auf uns niederschauete.

Aber Katharina zog mich leise fort. „Laß uns nicht trotzen, mein Johannes!" sagte sie. – Mit Selbigem hörte ich im Treppenhause ein Geräusch, und war es, als wenn etwas mit dreien Beinen sich mühselig die Stiegen heraufarbeitete. Als Katharina und ich uns deshalb wieder an unsern Platz gesetzet und ich Pinsel und Palette zur Hand genommen hatte, öffnete sich die Thür, und Bas' Ursel, die wir wohl zuletzt erwartet hätten, kam an ihrem Stock hereingehustet. „Ich höre", sagte sie, „Er will nach Hamburg, um den Rahmen zu besorgen; da muß ich mir nachgerade doch Sein Werk besehen!"

Es ist wohl männiglich bekannt, daß alte Jungfrauen in Liebessachen die allerfeinsten Sinne haben und so der jungen Welt gar oft Bedrang und Trübsal bringen. Als Bas' Ursel auf Katharinens Bild, das sie bislang noch nicht gesehen, kaum einen Blick geworfen hatte, zuckte sie gar stolz empor mit ihrem runzeligen Angesicht und frug mich allsogleich: „Hat denn das Fräulein Ihn so angesehen, als wie sie da im Bilde sitzet?"

Ich entgegnete, es sei ja eben die Kunst der edlen Malerei, nicht bloß die Abschrift des Gesichts zu geben. Aber schon mußte an unsern Augen oder Wangen ihr Sonderliches aufgefallen sein, denn ihre Blicke gingen spähend hin und wider. „Die Arbeit ist wohl bald am Ende?" sagte sie dann mit ihrer höchsten Stimme. „Deine Augen haben kranken Glanz, Katharina; das lange Sitzen hat dir nicht wohl gedienet."

Ich entgegnete, das Bild sei bald vollendet, nur an dem Gewande sei noch hie und da zu schaffen.

„Nun, da braucht Er wohl des Fräuleins Gegenwart nicht

mehr dazu! – Komm, Katharina, dein Arm ist besser als der dumme Stecken hier!"

Und so mußt ich von der dürren Alten meines Herzens holdselig Kleinod mir entführen sehen, da ich es eben mir gewonnen glaubte; kaum daß die braunen Augen mir noch einen stummen Abschied senden konnten.

Am andern Morgen, am Montage vor Johannis, trat ich meine Reise an. Auf einem Gaule, den Dieterich mir besorget, trabte ich in der Frühe aus dem Thorweg; als ich durch die Tannen ritt, brach einer von des Junkers Hunden herfür und fuhr meinem Thiere nach den Flechsen, wannschon selbiges aus ihrem eigenen Stalle war; aber der oben im Sattel saß, schien ihnen allzeit noch verdächtig. Kamen gleichwohl ohne Blessur davon, ich und der Gaul, und langeten abends bei guter Zeit in Hamburg an.

Am andern Vormittage machte ich mich auf und befand auch bald einen Schnitzer, so der Bilderleisten viele fertig hatte, daß man sie nur zusammenzustellen und in den Ecken die Zierathen daraufzuthun brauchte. Wurden also handelseinig, und versprach der Meister, mir das alles wohl verpacket nachzusenden.

Nun war zwar in der berühmten Stadt vor einen Neubegierigen gar vieles zu beschauen; so in der Schiffergesellschaft des Seeräubern Störtebeker silberner Becher, welcher das zweite Wahrzeichen der Stadt genennet wird, und ohne den gesehen zu haben, wie es in einem Buche heißt, niemand sagen dürfe, daß er in Hamburg sei gewesen; sodann auch der Wunderfisch mit eines Adlers richtigen Krallen und Fluchten, so eben um diese Zeit in der Elbe war gefangen worden und den die Hamburger, wie ich nachmalen hörete, auf einen Seesieg wider die türkischen Piraten deuteten; allein, obschon ein rechter Reisender solcherlei Seltsamkeiten nicht vorbeigehen soll, so war doch mein Gemüthe, beides, von Sorge und von Herzenssehnen, allzu sehr beschweret. Derohalben, nachdem ich bei einem Kaufherrn noch meinen Wechsel umgesetzet und in meiner Nachtherbergen Richtigkeit getroffen hatte, bestieg ich um Mittage wieder meinen Gaul und hatte allsobald allen Lärmen des großen Hamburg hinter mir.

Am Nachmittage danach langete ich in Preetz an, meldete mich im Stifte bei der hochwürdigen Dame und wurde auch alsbald vorgelassen. Ich erkannte in ihrer stattlichen Person allsogleich die Schwester meines theuren seligen Herrn Gerhardus; nur, wie es sich an unverehelichten Frauen oftmals zeiget, waren die Züge des Antlitzes gleichwohl strenger als die des Bruders. Ich hatte, selbst nachdem ich Katharinens Schreiben überreichet, ein lang und hart Examen zu bestehen; dann aber verhieß sie ihren Beistand und setzete sich zu ihrem Schreibgeräthe, indeß die Magd mich in ein ander Zimmer führen mußte, allwo man mich gar wohl bewirthete.

Es war schon spät am Nachmittage, da ich wieder fortritt; doch rechnete ich, obschon mein Gaul die vielen Meilen hinter uns bereits verspürete, noch gegen Mitternacht beim alten Dieterich anzuklopfen. – Das Schreiben, das die alte Dame mir für Katharinen mitgegeben, trug ich wohl verwahrt in einem Ledertäschlein unterm Wamse auf der Brust. So ritt ich fürbaß in die aufsteigende Dämmerung hinein; gar bald an sie, die eine, nur gedenkend und immer wieder mein Herz mit neuen lieblichen Gedanken schreckend.

Es war aber eine lauwarme Juninacht; von den dunkelen Feldern erhub sich der Ruch der Wiesenblumen, aus den Knicken duftete das Geißblatt; in Luft und Laub schwebete ungesehen das kleine Nachtgeziefer oder flog auch wohl surrend meinem schnaubenden Gaule an die Nüstern; droben aber an der blauschwarzen ungeheueren Himmelsglocke über mir strahlte im Südost das Sternbild des Schwanes in seiner unberührten Herrlichkeit.

Da ich endlich wieder auf Herrn Gerhardus' Grund und Boden war, resolvirte ich mich sofort, noch nach dem Dorfe hinüberzureiten, welches seitwärts von der Fahrstraßen hinterm Wald belegen ist. Denn ich gedachte, daß der Krüger Hans Ottsen einen paßlichen Handwagen habe; mit dem solle er morgen einen Boten in die Stadt schicken, um die Hamburger Kiste für mich abzuholen; ich aber wollte nur an sein Kammerfenster klopfen, um ihm solches zu bestellen.

Also ritte ich am Waldesrande hin, die Augen fast verwirret von den grünlichen Johannisfünkchen, die mit ihren spielerischen Lichtern mich hier umflogen. Und schon ragete groß und finster die Kirche vor mir auf, in deren Mauern Herr Gerhardus bei den Seinen ruhte; ich hörte, wie im Thurm soeben der Hammer ausholete, und von der Glocken scholl die Mitternacht ins Dorf hinunter. ,Aber sie schlafen alle', sprach ich bei mir selber, ,die Todten in der Kirchen oder unter dem hohen Sternenhimmel hieneben auf dem Kirchhof, die Lebenden noch unter den niedern Dächern, die dort stumm und dunkel vor dir liegen.' So ritt ich weiter. Als ich jedoch an den Teich kam, von wo aus man Hans Ottsens Krug gewahren kann, sahe ich von dorten einen dunstigen Lichtschein auf den Weg hinausbrechen, und Fiedeln und Klarinetten schalleten mir entgegen.

Da ich gleichwohl mit dem Wirthe reden wollte, so ritt ich herzu und brachte meinen Gaul im Stalle unter. Als ich danach auf die Tenne trat, war es gedrang voll von Menschen, Männern und Weibern, und ein Geschrei und wüst Getreibe, wie ich solches, auch beim Tanz, in früheren Jahren nicht vermerket. Der Schein der Unschlittkerzen, so unter einem Balken auf einem Kreuzholz schwebten, hob manch bärtig und verhauen Antlitz aus dem Dunkel, dem man lieber nicht allein im Wald begegnet wäre. – Aber nicht nur Strolche und Bauerbursche schienen hier sich zu vergnügen; bei den Musikanten, die drüben vor der Döns auf ihren Tonnen saßen, stund der Junker von der Risch; er hatte seinen Mantel über dem einen Arm, an dem andern hing ihm eine derbe Dirne. Aber das Stücklein schien ihm nicht zu gefallen; denn er riß dem Fiedler seine Geigen aus den Händen, warf eine Handvoll Münzen auf seine Tonne und verlangte, daß sie ihm den neumodischen Zweitritt aufspielen sollten. Als dann die Musikanten ihm gar rasch gehorchten und wie toll die neue Weise klingen ließen, schrie er nach Platz und schwang sich in den dichten Haufen; und die Bauerburschen glotzten drauf hin, wie ihm die Dirne im Arme lag, gleich einer Tauben vor dem Geier.

Ich aber wandte mich ab und trat hinten in die Stube, um mit dem Wirth zu reden. Da saß der Junker Wulf beim Kruge Wein und hatte den alten Ottsen neben sich, welchen er mit allerhand Späßen in Bedrängniß brachte; so drohete er, ihm seinen Zins zu steigern, und schüttelte sich vor Lachen, wenn der geängstete Mann gar jämmerlich um Gnad und Nachsicht supplicirte. – Da er mich gewahr worden, ließ er nicht ab, bis ich selbdritt mich an den Tisch gesetzet; frug nach meiner Reise, und ob ich in Hamburg mich auch wohl vergnüget; ich aber antwortete nur, ich käme eben von dort zurück, und werde der Rahmen in Kürze in der Stadt eintreffen, von wo Hans Ottsen ihn mit seinem Handwäglein leichtlich möge holen lassen.

Indeß ich mit letzterem solches nun verhandelte, kam auch der von der Risch hereingestürmet und schrie dem Wirthe zu, ihm einen kühlen Trunk zu schaffen. Der Junker Wulf aber, dem bereits die Zunge schwer im Munde wühlete, faßte ihn am Arm und riß ihn auf den leeren Stuhl hernieder.

„Nun, Kurt!" rief er. „Bist du noch nicht satt von deinen Dirnen! Was soll die Katharina dazu sagen? Komm, machen wir alamode ein ehrbar hazard mitsammen!" Dabei hatte er ein Kartenspiel unterm Wams hervorgezogen. „Allons donc! – Dix et dame! – Dame et valet!"

Ich stand noch und sah dem Spiele zu, so dermalen eben Mode worden; nur wünschend, daß die Nacht vergehen und der Morgen kommen möchte. – Der Trunkene schien aber dieses Mal des Nüchternen Übermann; dem von der Risch schlug nach einander jede Karte fehl.

„Tröste dich, Kurt!" sagte der Junker Wulf, indeß er schmunzelnd die Speciesthaler auf einen Haufen scharrte:

> „Glück in der Lieb
> Und Glück im Spiel,
> Bedenk, für einen
> Ist's zu viel!

Laß den Maler dir hier von deiner schönen Braut erzählen!
Der weiß sie auswendig; da kriegst du's nach der Kunst zu
wissen."

Dem andern, wie mir am besten kund war, mochte aber
noch nicht viel von Liebesglück bewußt sein; denn er schlug
fluchend auf den Tisch und sah gar grimmig auf mich her.

„Ei, du bist eifersüchtig, Kurt!" sagte der Junker Wulf ver-
gnüglich, als ob er jedes Wort auf seiner schweren Zunge
schmeckete; „aber getröste dich, der Rahmen ist schon fertig
zu dem Bilde; dein Freund, der Maler, kommt eben erst von
Hamburg."

Bei diesem Worte sah ich den von der Risch aufzucken
gleich einem Spürhund bei der Witterung. „Von Hamburg
heut? – So muß er Fausti Mantel sich bedienet haben; denn
mein Reitknecht sah ihn heut zu Mittag noch in Preetz! Im
Stift, bei deiner Base ist er auf Besuch gewesen."

Meine Hand fuhr unversehens nach der Brust, wo ich das
Täschlein mit dem Brief verwahret hatte; denn die trunke-
nen Augen des Junkers Wulf lagen auf mir; und war mir's
nicht anders, als sähe er damit mein ganz Geheimniß offen
vor sich liegen. Es währete auch nicht lange, so flogen die
Karten klatschend auf den Tisch. „Oho!" schrie er. „Im Stift,
bei meiner Base! Du treibst wohl gar doppelt Handwerk,
Bursch! Wer hat dich auf den Botengang geschickt?"

„Ihr nicht, Junker Wulf!" entgegnet ich; „und das muß
Euch genug sein!" – Ich wollt nach meinem Degen greifen,
aber er war nicht da; fiel mir auch bei nun, daß ich ihn an
den Sattelknopf gehänget, da ich vorhin den Gaul zu Stalle
brachte.

Und schon schrie der Junker wieder zu seinem jüngeren
Kumpan: „Reiß ihm das Wams auf, Kurt! Es gilt den blan-

36

ken Haufen hier; du findest eine saubere Briefschaft, die du ungern möchtst bestellet sehen!"

Im selbigen Augenblick fühlte ich auch schon die Hände des von der Risch an meinem Leibe, und ein wüthend Ringen zwischen uns begann. Ich fühlte wohl, daß ich so leicht, wie in der Bubenzeit, ihm nicht mehr über würde; da aber fügete es sich zu meinem Glücke, daß ich ihm beide Handgelenke packte und er also wie gefesselt vor mir stund. Es hatte keiner von uns ein Wort dabei verlauten lassen; als wir uns aber itzund in die Augen sahen, da wußte jeder wohl, daß er's mit seinem Todfeind vor sich habe.

Solches schien auch der Junker Wulf zu meinen; er strebte von seinem Stuhl empor, als wolle er dem von der Risch zu Hülfe kommen; mochte aber zu viel des Weins genossen haben, denn er taumelte auf seinen Platz zurück. Da schrie er, so laut seine lallende Zung es noch vermochte: "He, Tartar! Türk! Wo steckt ihr! Tartar, Türk!" Und ich wußte nun, daß die zwo grimmen Köter, so ich vorhin auf der Tenne an dem Ausschank hatte lungern sehen, mir an die nackte Kehle springen sollten. Schon hörete ich sie durch das Getümmel der Tanzenden daherschnaufen, da riß ich mit einem Rucke jählings meinen Feind zu Boden, sprang dann durch eine Seitenthür aus dem Zimmer, die ich schmetternd hinter mir zuwarf, und gewann also das Freie.

Und um mich her war plötzlich wieder die stille Nacht und Mond- und Sternenschimmer. In den Stall zu meinem Gaul wagt ich nicht erst zu gehen, sondern sprang flugs über einen Wall und lief über das Feld dem Walde zu. Da ich ihn bald erreichet, suchte ich die Richtung nach dem Herrenhofe einzuhalten; denn es zieht sich die Holzung bis hart zur Gartenmauer. Zwar war die Helle der Himmelslichter hier durch das Laub der Bäume ausgeschlossen; aber meine Augen wurden der Dunkelheit gar bald gewohnt, und da ich das Täschlein sicher unter meinem Wamse fühlte, so tappte ich rüstig vorwärts; denn ich gedachte den Rest der Nacht noch einmal in meiner Kammer auszuruhen, dann aber mit dem alten Dieterich zu berathen, was allfort geschehen solle; maßen ich wohl sahe, daß meines Bleibens hier nicht fürder sei.

Bisweilen stund ich auch und horchte; aber ich mochte bei meinem Abgang wohl die Thür ins Schloß geworfen und so einen guten Vorsprung mir gewonnen haben: von den Hunden war kein Laut vernehmbar. Wohl aber, da ich eben aus dem Schatten auf eine vom Mond erhellete Lichtung trat, höretе ich nicht gar fern die Nachtigallen schlagen; und von wo ich ihren Schall hörte, dahin richtete ich meine Schritte, denn mir war wohl bewußt, sie hatten hier herum nur in den Hecken des Herrengartens ihre Nester; erkannte nun auch, wo ich mich befand, und daß ich bis zum Hofe nicht gar weit mehr hatte.

Ging also dem lieblichen Schallen nach, das immer heller vor mir aus dem Dunkel drang. Da plötzlich schlug was anderes an mein Ohr, das jählings näher kam und mir das Blut erstarren machte. Nicht zweifeln konnt ich mehr, die Hunde brachen durch das Unterholz; sie hielten fest auf meiner Spur, und schon höretе ich deutlich hinter mir ihr Schnaufen und ihre gewaltigen Sätze in dem dürren Laub des Waldbodens. Aber Gott gab mir seinen gnädigen Schutz; aus dem Schatten der Bäume stürzte ich gegen die Gartenmauer, und an eines Fliederbaums Geäste schwang ich mich hinüber. – Da sangen hier im Garten immer noch die Nachtigallen; die Buchenhecken warfen tiefe Schatten. In solcher Mondnacht war ich einst vor meiner Ausfahrt in die Welt mit Herrn Gerhardus hier gewandelt. „Sieh dir's noch einmal an, Johannes!" hatte dermalen er gesprochen; „es könnt geschehen, daß du bei deiner Heimkehr mich nicht daheim mehr fändest, und daß alsdann ein Willkomm nicht für dich am Thor geschrieben stünde; – ich aber möcht nicht, daß du diese Stätte hier vergäßest."

Das flog mir itzund durch den Sinn, und ich mußte bitter lachen; denn nun war ich hier als ein gehetzet Wild; und schon höretе ich die Hunde des Junker Wulf gar grimmig draußen an der Gartenmauer rennen. Selbige aber war, wie ich noch tags zuvor gesehen, nicht überall so hoch, daß nicht das wüthige Gethier hinüber konnte; und rings im Garten war kein Baum, nichts als die dichten Hecken und drüben gegen das Haus die Blumenbeete des seligen Herrn. Da, als eben das Bellen der Hunde wie ein Triumphgeheule innerhalb der Gartenmauer scholl, ersahe ich in meiner Noth den alten Epheubaum, der sich mit starkem Stamme an dem Thurm hinaufreckt; und da dann die Hunde aus den Hecken auf den mondhellen Platz hinaus raseten, war ich schon hoch genug, daß sie mit ihrem Anspringen mich nicht mehr erreichen konnten; nur meinen Mantel, so von der Schulter geglitten, hatten sie mit ihren Zähnen mir herabgerissen.

Ich aber, also angeklammert und fürchtend, es werde das nach oben schwächere Geäste mich auf die Dauer nicht ertragen, blickte suchend um mich, ob ich nicht irgend besseren Halt gewinnen möchte; aber es war nichts zu sehen als die dunklen Epheublätter um mich her. – Da, in solcher Noth, hörete ich ober mir ein Fenster öffnen, und eine Stimme scholl zu mir herab – möcht ich sie wieder hören, wenn du, mein Gott, mich bald nun rufen läßt aus diesem Erdenthal! – „Johannes!" rief sie; leis, doch deutlich hörete ich meinen Namen, und ich kletterte höher an dem immer schwächeren Gezweige, indeß die schlafenden Vögel um mich auffuhren und die Hunde von unten ein Geheul heraufstießen. – „Katharina! Bist du es wirklich, Katharina?"

Aber schon kam ein zitternd Händlein zu mir herab und zog mich gegen das offene Fenster; und ich sah in ihre Augen, die voll Entsetzen in die Tiefe starrten.

„Komm!" sagte sie. „Sie werden dich zerreißen." Da schwang ich mich in ihre Kammer. – Doch als ich drinnen war, ließ mich das Händlein los, und Katharina sank auf einen Sessel, so am Fenster stund, und hatte ihre Augen dicht geschlossen. Die dicken Flechten ihres Haares lagen über dem weißen Nachtgewand bis in den Schoß hinab; der Mond, der draußen die Gartenhecken überstiegen hatte, schien voll herein und zeigete mir alles. Ich stund wie fest gezaubert vor ihr;

so lieblich fremde und doch so ganz mein eigen schien sie mir; nur meine Augen tranken sich satt an all der Schönheit. Erst als ein Seufzen ihre Brust erhob, sprach ich zu ihr: „Katharina, liebe Katharina, träumet Ihr denn?"

Da flog ein schmerzlich Lächeln über ihr Gesicht: „Ich glaub wohl fast, Johannes! – Das Leben ist so hart; der Traum ist süß!"

Als aber von unten aus dem Garten das Geheul aufs Neu heraufkam, fuhr sie erschreckt empor. „Die Hunde, Johannes!" rief sie. „Was ist das mit den Hunden?"

„Katharina", sagte ich, „wenn ich Euch dienen soll, so glaub ich, es muß bald geschehen; denn es fehlt viel, daß ich noch einmal durch die Thür in dieses Haus gelangen sollte." Dabei hatte ich den Brief aus meinem Täschlein hervorgezogen und erzählte auch, wie ich im Kruge drunten mit den Junkern sei in Streit gerathen.

Sie hielt das Schreiben in den hellen Mondenschein und las; dann schaute sie mich voll und herzlich an, und wir beredeten, wie wir uns morgen in dem Tannenwalde treffen wollten; denn Katharina sollte noch zuvor erkunden, auf welchen Tag des Junker Wulfen Abreise zum Kieler Johannismarkte festgesetzt sei.

„Und nun, Katharina", sprach ich, „habt Ihr nicht etwas, das einer Waffe gleich sieht, ein eisern Ellenmaß oder so dergleichen, damit ich der beiden Thiere drunten mich erwehren könne?"

Sie aber schrak jäh wie aus einem Traum empor. „Was sprichst du, Johannes!" rief sie; und ihre Hände, so bislang in ihrem Schoß geruhet, griffen nach den meinen. „Nein, nicht fort, nicht fort! Da drunten ist der Tod; und gehst du, so ist auch hier der Tod!"

Da war ich vor ihr hingekniet und lag an ihrer jungen Brust, und wir umfingen uns in großer Herzensnoth. „Ach, Käthe", sprach ich, „was vermag die arme Liebe denn! Wenn auch dein Bruder Wulf nicht wäre; ich bin kein Edelmann und darf nicht um dich werben."

40

Sehr süß und sorglich schauete sie mich an; dann aber kam es wie Schelmerei aus ihrem Munde: „Kein Edelmann, Johannes? – Ich dächte, du seiest auch das! Aber – ach nein! Dein Vater war nur der Freund des meinen – das gilt der Welt wohl nicht!"

„Nein, Käthe; nicht das, und sicherlich nicht hier", entgegnete ich und umfaßte fester ihren jungfräulichen Leib; „aber drüben in Holland, dort gilt ein tüchtiger Maler wohl einen deutschen Edelmann; die Schwelle von Mynheer van Dycks Palaste zu Amsterdam ist wohl dem Höchsten ehrenvoll zu überschreiten. Man hat mich drüben halten wollen, mein Meister van der Helst und andre! Wenn ich dorthin zurückginge, ein Jahr noch oder zwei; dann – wir kommen dann schon von hier fort; bleib mir nur feste gegen euere wüsten Junker!"

Katharinens weiße Hände strichen über meine Locken; sie herzete mich und sagte leise: „Da ich in meine Kammer dich gelassen, so werd ich doch dein Weib auch werden müssen."

– – Ihr ahnete wohl nicht, welch einen Feuerstrom dies Wort in meine Adern goß, darin ohnedies das Blut in heißen Pulsen ging. – Von dreien furchtbaren Dämonen, von Zorn und Todesangst und Liebe ein verfolgter Mann, lag nun mein Haupt in des viel geliebten Weibes Schoß.

Da schrillte ein geller Pfiff; die Hunde drunten wurden jählings stille, und da es noch einmal gellte, hörete ich sie wie toll und wild davon rennen.

Vom Hofe her wurden Schritte laut; wir horchten auf, daß uns der Athem stille stund. Bald aber wurde dorten eine Thür erst auf-, dann zugeschlagen und dann ein Riegel vorgeschoben. „Das ist Wulf", sagte Katharina leise; „er hat die beiden Hunde in den Stall gesperrt." – Bald hörten wir auch unter uns die Thür des Hausflurs gehen, den Schlüssel drehen und danach Schritte in dem untern Corridor, die sich verloren, wo der Junker seine Kammer hatte. Dann wurde alles still.

Es war nun endlich sicher, ganz sicher; aber mit unserem

41

Plaudern war es mit einem Male schier zu Ende. Katharina
hatte den Kopf zurückgelehnt; nur unser beider Herzen hörete
ich klopfen. – „Soll ich nun gehen, Katharina?" sprach ich
endlich.

Aber die jungen Arme zogen mich stumm zu ihrem Mund
empor; und ich ging nicht.

Kein Laut war mehr, als aus des Gartens Tiefe das Schlagen
der Nachtigallen und von fern das Rauschen des Wässerleins,
das hinten um die Hecken fließt. – –

Wenn, wie es in den Liedern heißt, mitunter noch in Näch-
ten die schöne heidnische Frau Venus aufersteht und um-
geht, um die armen Menschenherzen zu verwirren, so war es
dazumalen eine solche Nacht. Der Mondschein war am Himmel ausgethan, ein schwüler Ruch von Blumen hauchte durch
das Fenster, und dorten überm Walde spielete die Nacht in
stummen Blitzen. – O Hüter, Hüter, war dein Ruf so fern?

– – Wohl weiß ich noch, daß vom Hofe her plötzlich scharf
die Hähne krähten, und daß ich ein blaß und weinend Weib
in meinen Armen hielt, die mich nicht lassen wollte, unachtend, daß überm Garten der Morgen dämmerte und rothen
Schein in unsre Kammer warf. Dann aber, da sie deß
inne wurde, trieb sie, wie von Todesangst geschreckt, mich
fort.

Noch einen Kuß, noch hundert; ein flüchtig Wort noch:
wann für das Gesind zu Mittage geläutet würde, dann wollten wir im Tannenwald uns treffen; und dann – ich wußte
selber kaum, wie mir's geschehen – stund ich im Garten, unten in der kühlen Morgenluft.

Noch einmal, indem ich meinen von den Hunden zerfetz-
ten Mantel aufhob, schaute ich empor und sah ein blasses
Händlein mir zum Abschied winken. Nahezu erschrocken
aber wurd ich, da meine Augen bei einem Rückblick aus
dem Gartensteig von ungefähr die unteren Fenster neben dem
Thurme streiften; denn mir war, als sähe hinter einem der-
selbigen ich gleichfalls eine Hand; aber sie drohete nach mir
mit aufgehobenem Finger und schien mir farblos und knö-

chern gleich der Hand des Todes. Doch war's nur wie im Husch, daß solches über meine Augen ging; dachte zwar erstlich des Märleins von der wieder gehenden Urahne; redete mir dann aber ein, es seien nur meine eigenen aufgestörten Sinne, die solch Spiel mir vorgegaukelt hätten.

So, deß nicht weiter achtend, schritt ich eilends durch den Garten, merkete aber bald, daß in der Hast ich auf den Binsensumpf gerathen; sank auch der eine Fuß bis übers Änkel ein, gleichsam, als ob ihn was hinunterziehen wollte. ‚Ei‘, dachte ich, ‚faßt das Hausgespenste doch nach dir!‘ Machte mich aber auf und sprang über die Mauer in den Wald hinab.

Die Finsterniß der dichten Bäume sagte meinem träumenden Gemüthe zu; hier um mich her war noch die selige Nacht, von welcher meine Sinne sich nicht lösen mochten. – Erst da ich nach geraumer Zeit vom Waldesrande in das offene Feld hinaustrat, wurd ich völlig wach. Ein Häuflein Rehe stund nicht fern im silbergrauen Thau, und über mir vom Himmel scholl das Tageslied der Lerche. Da schüttelte ich all müßig Träumen von mir ab; im selbigen Augenblick stieg aber auch wie heiße Noth die Frage mir ins Hirn: ‚Was weiter nun, Johannes? Du hast ein theures Leben an dich rissen; nun wisse, daß dein Leben nichts gilt als nur das ihre!‘

Doch was ich sinnen mochte, es deuchte mir allfort das beste, wenn Katharina im Stifte sichern Unterschlupf gefunden, daß ich dann zurück nach Holland ginge, mich dort der Freundeshülf versicherte und allsobald zurückkäm, um sie nachzuholen. Vielleicht, daß sie gar der alten Base Herz erweichet’; und schlimmsten Falles – es mußt auch gehen ohne das!

Schon sahe ich uns auf einem fröhlichen Barkschiff die Wellen des grünen Zuidersees befahren, schon hörete ich das Glockenspiel vom Rathhausthurme Amsterdams und sah am Hafen meine Freunde aus dem Gewühl hervorbrechen und mich und meine schöne Frau mit hellem Zuruf grüßen und im Triumph nach unserem kleinen, aber trauten Heim geleiten.

Mein Herz war voll von Muth und Hoffnung; und kräftiger und rascher schritt ich aus, als könnte ich bälder so das Glück erreichen.

– Es ist doch anders kommen.

In meinen Gedanken war ich allmählich in das Dorf hinabgelanget und trat hier in Hans Ottsens Krug, von wo ich in der Nacht so jählings hatte flüchten müssen. – „Ei, Meister Johannes“, rief der Alte auf der Tenne mir entgegen, „was hattet Ihr doch gestern mit unseren gestrengen Junkern? Ich war just draußen bei dem Ausschank; aber da ich wieder eintrat, fluchten sie schier grausam gegen Euch; und auch die Hunde raseten an der Thür, die Ihr hinter Euch ins Schloß geworfen hattet.“

Da ich aus solchen Worten abnahm, daß der Alte den Handel nicht wohl begriffen habe, so entgegnete ich nur: „Ihr wisset, der von der Risch und ich, wir haben uns schon als Jungen oft einmal gezauset; da mußt's denn gestern noch so einen Nachschmack geben.“

„Ich weiß, ich weiß!“ meinte der Alte; „aber der Junker sitzt heut auf seines Vaters Hof; Ihr solltet Euch hüten, Herr Johannes; mit solchen Herren ist nicht sauber Kirschen essen.“

Dem zu widersprechen, hatte ich nicht Ursach, sondern ließ mir Brot und Frühtrunk geben und ging dann in den Stall, wo ich mir meinen Degen holete, auch Stift und Skizzenbüchlein aus dem Ranzen nahm.

Aber es war noch lange bis zum Mittagläuten. Also bat ich Hans Ottsen, daß er den Gaul mit seinem Jungen mög zum Hofe bringen lassen; und als er mir solches zugesaget, schritt ich wieder hinaus zum Wald. Ich ging aber bis zu der Stelle auf dem Heidenhügel, von wo man die beiden Giebel des Herrenhauses über die Gartenhecken ragen sieht, wie ich solches schon für den Hintergrund zu Katharinens Bildniß ausgewählt hatte. Nun gedachte ich, daß, wann in zu verhoffender Zeit sie selber in der Fremde leben und wohl das Vaterhaus nicht mehr betreten würde, sie seines Anblicks doch nicht ganz entrathen solle; zog also meinen Stift herfür und begann

44

zu zeichnen, gar sorgsam jedes Winkelchen, woran ihr Auge einmal mocht gehaftet haben. Als farbig Schilderei sollt es dann in Amsterdam gefertigt werden, damit es ihr sofort entgegen grüße, wann ich sie dort in unsre Kammer führen würde.

Nach ein paar Stunden war die Zeichnung fertig. Ich ließ noch wie zum Gruß ein zwitschernd Vögelein darüber fliegen; dann suchte ich die Lichtung auf, wo wir uns finden wollten, und streckte mich nebenan im Schatten einer dichten Buche, sehnlich verlangend, daß die Zeit vergehe.

Ich mußte gleichwohl darob eingeschlummert sein; denn ich erwachte von einem fernen Schall und wurd deß inne, daß es das Mittagläuten von dem Hofe sei. Die Sonne glühte schon heiß hernieder und verbreitete den Ruch der Himbeeren, womit die Lichtung überdeckt war. Es fiel mir bei, wie einst Katharina und ich uns hier bei unseren Waldgängen süße Wegzehrung geholet hatten; und nun begann ein seltsam Spiel der Phantasie; bald sahe ich drüben zwischen den Sträuchern ihre zarte Kindsgestalt, bald stund sie vor mir, mich anschauend mit den seligen Frauenaugen, wie ich sie letzlich erst gesehen, wie ich sie nun gleich, im nächsten Augenblicke, schon leibhaftig an mein klopfend Herze schließen würde.

Da plötzlich überfiel mich's wie ein Schrecken. Wo blieb sie denn? Es war schon lang, daß es geläutet hatte. Ich war aufgesprungen, ich ging umher, ich stund und spähete scharf nach aller Richtung durch die Bäume; die Angst kroch mir zum Herzen; aber Katharina kam nicht; kein Schritt im Laube raschelte; nur oben in den Buchenwipfeln rauschte ab und zu der Sommerwind.

Böser Ahnung voll ging ich endlich fort und nahm einen Umweg nach dem Hofe zu. Da ich unweit dem Thore zwichen die Eichen kam, begegnete mir Dieterich. „Herr Johannes", sagte er und trat hastig auf mich zu, „Ihr seid die Nacht schon in Hans Ottsens Krug gewesen; sein Junge brachte mir Euren Gaul zurück; – was habet Ihr mit unsern Junkern vorgehabt?"

„Warum fragst du, Dieterich?"

– „Warum, Herr Johannes? – Weil ich Unheil zwischen euch verhüten möcht."

„Was soll das heißen, Dieterich?" frug ich wieder; aber mir war beklommen, als sollte das Wort mir in der Kehle sticken.

„Ihr werdet's schon selber wissen, Herr Johannes!" entgegnete der Alte. „Mir hat der Wind nur so einen Schall davon gebracht, vor einer Stund mag's gewesen sein; ich wollte den Burschen rufen, der im Garten an den Hecken putzte. Da ich an den Thurm kam, wo droben unser Fräulein ihre Kammer hat, sah ich dorten die alte Bas' Ursel mit unserem Junker dicht beisammen stehen. Er hatte die Arme unterschlagen und sprach kein einzig Wörtlein; die Alte aber redete einen um so größeren Haufen und jammerte ordentlich mit ihrer feinen Stimme. Dabei wies sie bald nieder auf den Boden, bald hinauf in den Epheu, der am Thurm hinaufwächst. – Verstanden, Herr Johannes, hab ich von dem allem nichts; dann aber, und nun merket wohl auf, hielt sie mit ihrer knöchern Hand, als ob sie damit drohete, dem Junker was vor Augen; und da ich näher hinsah, war's ein Fetzen Grauwerk, just wie Ihr's da an Euerem Mantel traget."

„Weiter, Dieterich!" sagte ich; denn der Alte hatte die Augen auf meinen zerrissenen Mantel, den ich auf dem Arme trug.

„Es ist nicht viel mehr übrig", erwiderte er; „denn der Junker wandte sich jählings nach mir zu und frug mich, wo Ihr anzutreffen wäret. Ihr möget mir es glauben, wäre er in Wirklichkeit ein Wolf gewesen, die Augen hätten blutiger nicht funkeln können."

Da frug ich: „Ist der Junker im Hause, Dieterich?"

– „Im Haus? Ich denke wohl; doch was sinnet Ihr, Herr Johannes?"

„Ich sinne, Dieterich, daß ich allsogleich mit ihm zu reden habe."

Aber Dieterich hatte bei beiden Händen mich ergriffen.

46

„Gehet nicht, Johannes", sagte er dringend; „erzählet mir zum wenigsten, was geschehen ist; der Alte hat Euch ja sonst wohl guten Rath gewußt!"

„Hernach, Dieterich, hernach!" entgegnete ich. Und also mit diesen Worten riß ich meine Hände aus den seinen.

Der Alte schüttelte den Kopf. „Hernach, Johannes", sagte er, „das weiß nur unser Herrgott!"

Ich aber schritt nun über den Hof dem Hause zu. – Der Junker sei eben in seinem Zimmer, sagte eine Magd, so ich im Hausflur drum befragte.

Ich hatte dieses Zimmer, das im Unterhause lag, nur einmal erst betreten. Statt wie bei seinem Vater sel. Bücher und Karten, war hier vielerlei Gewaffen, Handröhre und Arkebusen, auch allerart Jagdgeräthe an den Wänden angebracht; sonst war es ohne Zier und zeigete an ihm selber, daß niemand auf die Dauer und mit seinen ganzen Sinnen hier verweile.

Fast wär ich an der Schwelle noch zurückgewichen, da ich auf des Junkers „Herein" die Thür geöffnet; denn als er sich vom Fenster zu mir wandte, sahe ich eine Reiterpistole in seiner Hand, an deren Radschloß er hantirete. Er schauete mich an, als ob ich von den Tollen käme. „So?" sagte er gedehnt; „wahrhaftig, Sieur Johannes, wenn's nicht schon sein Gespenste ist!"

„Ihr dachtet, Junker Wulf", entgegnet ich, indem ich näher zu ihm trat, „es möcht der Straßen noch andre für mich geben, als die in Euere Kammer führen!"

– „So dachte ich, Sieur Johannes! Wie Ihr gut rathen könnt! Doch immerhin, Ihr kommt mir eben recht; ich hab Euch suchen lassen!"

In seiner Stimme bebte was, das wie ein lauernd Raubthier auf dem Sprunge lag, so daß die Hand mir unversehens nach dem Degen fuhr. Jedennoch sprach ich: „Höret mich und gönnet mir ein ruhig Wort, Herr Junker!"

Er aber unterbrach meine Rede: „Du wirst gewogen sein, mich erstlich auszuhören! Sieur Johannes" – und seine Worte, die erst langsam waren, wurden allmählich gleichwie ein Ge-

brüll –, „vor ein paar Stunden, da ich mit schwerem Kopf erwachte, da fiel's mir bei und reuete mich gleich einem Nar-
ren, daß ich im Rausch die wilden Hunde dir auf die Fersen
gesetzet hatte; – seit aber Bas' Ursel mir den Fetzen vorge-
halten, den sie dir aus deinem Federbalg gerissen, – beim
Höllenelement! mich reut's nur noch, daß mir die Bestien
solch Stück Arbeit nachgelassen!"

Noch einmal suchte ich zu Worte zu kommen; und da der
Junker schwieg, so dachte ich, daß er auch hören würde. „Junker Wulf", sagte ich, „es ist schon wahr, ich bin kein Edelmann; aber ich bin kein geringer Mann in meiner Kunst und
hoffe, es auch wohl noch einmal den Größeren gleichzuthun;
so bitte ich Euch geziementlich, gebet Euere Schwester Katharina mir zum Ehgemahl – –"

Da stockte mir das Wort im Munde. Aus seinem bleichen
Antlitz starrten mich die Augen des alten Bildes an; ein gel-
lend Lachen schlug mir in das Ohr, ein Schuß – – – dann brach
ich zusammen und höret nur noch, wie mir der Degen, den
ich ohn Gedanken fast gezogen hatte, klirrend aus der Hand
zu Boden fiel.

Es war manche Woche danach, daß ich in dem schon blei-
cheren Sonnenschein auf einem Bänkchen vor dem letzten
Haus des Dorfes saß, mit matten Blicken nach dem Wald
hinüberschauend, an dessen jenseitigem Rande das Herrenhaus belegen war. Meine thörichten Augen suchten stets aufs
Neue den Punkt, wo, wie ich mir vorstellete, Katharinens
Kämmerlein von drüben auf die schon herbstlich gelben Wip-
fel schaue; denn von ihr selber hatte ich keine Kunde.

Man hatte mich mit meiner Wunde in dies Haus gebracht,
das von des Junkers Waldhüter bewohnt wurde; und außer
diesem Mann und seinem Weibe und einem mir unbekannten
Chirurgus war während meines langen Lagers niemand zu mir
gekommen. – Von wannen ich den Schuß in meine Brust erhalten, darüber hat mich niemand befragt, und ich habe niemandem Kunde gegeben; des Herzogs Gerichte gegen Herrn

48

Gerhardus' Sohn und Katharinens Bruder anzurufen, konnte nimmer mir zu Sinne kommen. Er mochte sich dessen auch wohl getrösten; noch glaubhafter jedoch, daß er allen diesen Dingen trotzete.

Nur einmal war mein guter Dieterich da gewesen; er hatte mir in des Junkers Auftrage zwei Rollen Ungarischer Dukaten überbracht als Lohn für Katharinens Bild, und ich hatte das Gold genommen, in Gedanken, es sei ein Theil von deren Erbe, von dem sie als mein Weib wohl später nicht zu viel empfahen würde. Zu einem traulichen Gespräch mit Dieterich, nach dem mich sehr verlangete, hatte es mir nicht gerathen wollen, maßen das gelbe Fuchsgesicht meines Wirthes allaugenblicks in meine Kammer schaute; doch wurde so viel mir kund, daß der Junker nicht nach Kiel gereiset und Katharina seither von niemandem weder in Hof noch Garten war gesehen worden; kaum konnte ich noch den Alten bitten, daß er dem Fräulein, wenn sich's treffen möchte, meine Grüße sage, und daß ich bald nach Holland zu reisen, aber bälder noch zurückzukommen dächte, was alles in Treuen auszurichten er mir dann gelobete.

Überfiel mich aber danach die allergrößeste Ungeduld, so daß ich, gegen den Willen des Chirurgus und bevor im Walde drüben noch die letzten Blätter von den Bäumen fielen, meine Reise ins Werk setzete; langete auch schon nach kurzer Frist wohlbehalten in der Holländischen Hauptstadt an, allwo ich von meinen Freunden gar liebreich empfangen wurde, und mochte es auch ferner vor ein glücklich Zeichen wohl erkennen, daß zwo Bilder, so ich dort zurückgelassen, durch die hülfsbereite Vermittelung meines theueren Meisters van der Helst beide zu ansehnlichen Preisen verkaufet waren. Ja, es war dessen noch nicht genug: ein mir schon früher wohl gewogener Kaufherr ließ mir sagen, er habe nur auf mich gewartet, daß ich für sein nach dem Haag verheirathetes Töchterlein sein Bildniß malen möge; und wurde mir auch sofort ein reicher Lohn dafür versprochen. Da dachte ich, wenn ich solches noch vollendete, daß dann genug des helfenden Metalles in meinen Händen wäre, um auch ohne andere Mittel Katharinen in ein wohl bestellet Heimwesen einzuführen.

Machte mich also, da mein freundlicher Gönner desselbigen Sinnes war, mit allem Eifer an die Arbeit, so daß ich bald den Tag meiner Abreise gar fröhlich nah und näher rücken sahe, unachtend, mit was vor üblen Anständen ich drüben noch zu kämpfen hätte.

Aber des Menschen Augen sehen das Dunkel nicht, das vor ihm ist. – Als nun das Bild vollendet war und reichlich Lob und Gold um dessen willen mir zu Theil geworden, da konnte ich nicht fort. Ich hatte in der Arbeit meiner Schwäche nicht geachtet, die schlecht geheilte Wunde warf mich wiederum danieder. Eben wurden zum Weihnachtsfeste auf allen Straßenplätzen die Waffelbuden aufgeschlagen, da begann mein Siechthum und hielt mich länger als das erste Mal gefesselt. Zwar der besten Arzteskunst und liebreicher Freundespflege war kein Mangel, aber in Ängsten sahe ich Tag um Tag vergehen, und keine Kunde konnte von ihr, keine zu ihr kommen.

Endlich nach harter Winterzeit, da der Zuidersee wieder seine grünen Wellen schlug, geleiteten die Freunde mich zum Hafen; aber statt des frohen Muthes nahm ich itzt schwere Herzensorge mit an Bord. Doch ging die Reise rasch und gut von Statten.

Von Hamburg aus fuhr ich mit der Königlichen Post; dann, wie vor nun fast einem Jahre hiebevor, wanderte ich zu Fuße durch den Wald, an dem noch kaum die ersten Spitzen grüneten. Zwar probten schon die Finken und die Ammern ihren Lenzgesang; doch was kümmerten sie mich heute! – Ich ging aber nicht nach Herrn Gerhardus' Herrengut; sondern, so stark mein Herz auch klopfete, ich bog seitwärts ab und schritt am Waldesrand entlang dem Dorfe zu. Da stund ich bald in Hans Ottsens Krug und ihm gar selber gegenüber.

Der Alte sah mich seltsam an, meinete aber dann, ich lasse ja recht munter. „Nur", fügte er bei, „mit den Schießbüchsen müsset Ihr nicht wieder spielen; die machen ärgere Flecken als so ein Malerpinsel."

Ich ließ ihn gern bei solcher Meinung, so, wie ich wohl merkete, hier allgemein verbreitet war, und that vors erste eine
Frage nach dem alten Dieterich.

Da mußte ich vernehmen, daß er noch vor dem ersten Win-
terschnee, wie es so starken Leuten wohl passiret, eines plötzlichen, wenn auch gelinden Todes verfahren sei. „Der freuet
sich", sagte Hans Ottsen, „daß er zu seinem alten Herrn da
droben kommen; und ist für ihn auch besser so."

„Amen!" sagte ich; „mein herzlieber alter Dieterich!"

Indeß aber mein Herz nur, und immer banger, nach einer
Kundschaft von Katharinen seufzete, nahm meine furchtsame
Zunge einen Umweg, und ich sprach beklommen: „Was ma-
chet denn Euer Nachbar, der von der Risch?"

„Oho", lachte der Alte; „der hat ein Weib genommen, und
eine, die ihn schon zu Richte setzen wird."

Nur im ersten Augenblick erschrak ich, denn ich sagte mir
sogleich, daß er nicht so von Katharinen reden würde; und
da er dann den Namen nannte, so war's ein ältlich, aber
reiches Fräulein aus der Nachbarschaft; forschete also
muthig weiter, wie's drüben in Herrn Gerhardus' Haus bestellet sei, und wie das Fräulein und der Junker mit einander
hauseten.

Da warf der Alte mir wieder seine seltsamen Blicke zu.
„Ihr meinet wohl", sagte er, „daß alte Thürm' und Mauern
nicht auch plaudern könnten!"

„Was soll's der Rede?" rief ich; aber sie fiel mir centner-
schwer aufs Herz.

„Nun, Herr Johannes", und der Alte sahe mir gar zuver-
sichtlich in die Augen, „wo das Fräulein hinkommen, das
werdet doch Ihr am besten wissen! Ihr seid derzeit im Herbst
ja nicht zum letzten hier gewesen; nur wundert's mich, daß
Ihr noch einmal wiederkommen; denn Junker Wulf wird,
denk ich, nicht eben gute Mien zum bösen Spiel gemachet
haben."

Ich sah den alten Menschen an, als sei ich selber hintersin-
nig worden; dann aber kam mir plötzlich ein Gedanke. „Un-

glücksmann!" schrie ich, „Ihr glaubet doch nicht etwan, das Fräulein Katharina sei mein Eheweib geworden?"

„Nun, lasset mich nur los!" entgegnete der Alte – denn ich schüttelte ihn an beiden Schultern. – „Was geht's mich an! Es geht die Rede so! Auf alle Fäll'; seit Neujahr ist das Fräulein im Schloß nicht mehr gesehen worden."

Ich schwur ihm zu, derzeit sei ich in Holland krank gelegen; ich wisse nichts von alledem.

Ob er's geglaubet, weiß ich nicht zu sagen; allein er gab mir kund, es solle dermalen ein unbekannter Geistlicher zur Nachtzeit und in großer Heimlichkeit auf den Herrenhof gekommen sein; zwar habe Bas' Ursel das Gesinde schon zeitig in ihre Kammern getrieben; aber der Mägde eine, so durch den Thürspalt gelauschet, wolle auch mich über den Flur nach der Treppe haben gehen sehen; dann später hätten sie deutlich einen Wagen aus dem Thorhaus fahren hören, und seien seit jener Nacht nur noch Bas' Ursel und der Junker in dem Schloß gewesen.

– – Was ich von nun an alles und immer doch vergebens unternommen, um Katharinen oder auch nur eine Spur von ihr zu finden, das soll nicht hier verzeichnet werden. Im Dorf war nur das thörichte Geschwätz, davon Hans Ottsen mich die Probe schmecken lassen; darum machete ich mich auf nach dem Stifte zu Herrn Gerhardus' Schwester; aber die Dame wollte mich nicht vor sich lassen; wurde im übrigen mir auch berichtet, daß keinerlei junges Frauenzimmer bei ihr gesehen worden. Da reisete ich wieder zurück und demüthigte mich also, daß ich nach dem Hause des von der Risch ging und als ein Bittender vor meinen alten Widersacher hintrat. Der sagte höhnisch, es möge wohl der Buhz das Vöglein sich geholet haben; er habe dem nicht nachgeschaut; auch halte er keinen Aufschlag mehr mit denen von Herrn Gerhardus' Hofe.

Der Junker Wulf gar, der davon vernommen haben mochte, ließ nach Hans Ottsens Kruge sagen, so ich mich unterstünde, auch zu ihm zu dringen, er würde mich noch einmal mit den

Hunden hetzen lassen. – Da bin ich in den Wald gegangen und hab gleich einem Strauchdieb am Weg auf ihn gelauert; die Eisen sind von der Scheide bloß geworden; wir haben gefochten, bis ich die Hand ihm wund gehauen und sein Degen in die Büsche flog. Aber er sahe mich nur mit seinen bösen Augen an; gesprochen hat er nicht. – Zuletzt bin ich zu längerem Verbleiben nach Hamburg kommen, von wo aus ich ohne Anstand und mit größerer Umsicht meine Nachforschungen zu betreiben dachte.

Es ist alles doch umsonst gewesen.

Aber ich will vors erste nun die Feder ruhen lassen. Denn vor mir liegt dein Brief, mein lieber Josias; ich soll dein Töchterlein, meiner Schwester sel. Enkelin, aus der Taufe heben. – Ich werde auf meiner Reise dem Walde vorbeifahren, so hinter Herrn Gerhardus' Hof belegen ist. Aber das alles gehört ja der Vergangenheit.

*

Hier schließt das erste Heft der Handschrift. – Hoffen wir, daß der Schreiber ein fröhliches Tauffest gefeiert und inmitten seiner Freundschaft an frischer Gegenwart sein Herz erquickt habe.

Meine Augen ruhten auf dem alten Bild mir gegenüber; ich konnte nicht zweifeln, der schöne ernste Mann war Herr Gerhardus. Wer aber war jener tote Knabe, den ihm Meister Johannes hier so sanft in seinen Arm gebettet hatte? – Sinnend nahm ich das zweite und zugleich letzte Heft, dessen Schriftzüge um ein weniges unsicherer erschienen. Es lautete wie folgt:

Geliek as Rook un Stoof verswindt,
Also sind ock de Minschenkind.

Der Stein, darauf diese Worte eingehauen stehen, saß ob dem Thürsims eines alten Hauses. Wenn ich daran vorbeiging, mußte ich allzeit meine Augen dahin wenden, und auf meinen einsamen Wanderungen ist dann selbiger Spruch oft lange mein Begleiter blieben. Da sie im letzten Herbste das alte Haus abbrachen, habe ich aus den Trümmern diesen Stein erstanden, und ist er heute gleicherweise ob der Thüre meines Hauses eingemauert worden, wo er nach mir noch manchen, der vorübergeht, an die Nichtigkeit des Irdischen erinnern möge. Mir aber soll er eine Mahnung sein, ehbevor auch an meiner Uhr der Weiser stille steht, mit der Aufzeichnung meines Lebens fortzufahren. Denn du, meiner lieben Schwester Sohn, der du nun bald mein Erbe sein wirst, mögest mit meinem kleinen Erdengute dann auch mein Erdenleid dahinnehmen, so ich bei meiner Lebzeit niemandem, auch, aller Liebe ohnerachtet, dir nicht habe anvertrauen mögen.

Item: anno 1666 kam ich zum ersten Mal in diese Stadt an der Nordsee; maßen von einer reichen Branntweinbrenner-Witwen mir der Auftrag worden, die Auferweckung Lazari zu malen, welches Bild sie zum schuldigen und freundlichen Gedächtniß ihres Seligen, der hiesigen Kirchen aber zum Zierath zu stiften gedachte, allwo es denn auch noch heute über dem Taufsteine mit den vier Aposteln zu schauen ist. Daneben wünschte auch der Bürgermeister, Herr Titus Axen, so früher in Hamburg Thumherr und mir von dort bekannt war, sein Conterfey von mir gemalet, so daß ich für eine lange Zeit allhier zu schaffen hatte. – Mein Losament aber hatte ich bei meinem einzigen und älteren Bruder, der seit lange schon das Secretariat der Stadt bekleidete; das Haus, darin er als unbeweibter Mann lebte, war hoch und räumlich, und war es dasselbig Haus mit den zwo Linden an der Ecken von Markt und Krämerstraße, worin ich, nachdem es durch meines lieben Bruders Hintritt mir angestorben, anitzt als alter Mann noch lebe und der Wiedervereinigung mit den vorangegangenen Lieben in Demuth entgegenharre.

Meine Werkstätte hatte ich mir in dem großen Pesel der Witwe eingerichtet; es war dorten ein gutes Oberlicht zur Arbeit, und bekam alles gemacht und gestellet, wie ich es verlangen mochte. Nur daß die gute Frau selber gar zu gegenwärtig war; denn allaugenblicklich kam sie draußen **von** ihrem Schanktisch zu mir hergetrottet mit ihren Blechgemäßen in der Hand; drängte mit ihrer Wohlbeleibtheit mir auf den Malstock und roch an meinem Bild herum; gar eines Vormittages, da ich soeben den Kopf des Lazarus untermalet hatte, verlangte sie mit viel überflüssigen Worten, der auferweckte Mann solle das Antlitz ihres Seligen zur Schau stellen, obschon ich diesen Seligen doch niemalen zu Gesicht bekommen, von meinem Bruder auch vernommen hatte, daß selbiger, wie es die Brenner pflegen, das Zeichen seines Gewerbes als eine blaurothe Nasen im Gesicht herumgetragen; da habe ich denn, wie man glauben mag, dem unvernünftigen Weibe gar hart den Daumen gegenhalten müssen. Als dann von der Außendiele her wieder neue Kundschaft nach ihr gerufen und mit den Gemäßen auf den Schank geklopfet, und sie endlich von mir lassen müssen, da sank mir die Hand mit dem Pinsel in den Schoß, und ich mußte plötzlich des Tages gedenken, da ich eines gar andern Seligen Antlitz mit dem Stifte nachgebildet, und wer da in der kleinen Kapelle so still bei mir gestanden sei. – Und also rückwärts sinnend, setzete ich meinen Pinsel wieder an; als aber selbiger eine gute Weile hin und wider gegangen, mußte ich zu eigener Verwunderung gewahren, daß ich die Züge des edlen Herrn Gerhardus in des Lazari Angesicht hineingetragen hatte. Aus seinem Leilach blickte des Todten Antlitz gleichwie in stummer Klage gegen mich, und ich gedachte: So wird er dir einstmals in der Ewigkeit entgegentreten!

Ich konnte heut nicht weiter malen, sondern ging fort und schlich auf meine Kammer ober der Hausthür, allwo ich mich ans Fenster setzte und durch den Ausschnitt der Lindenbäume auf den Markt hinabsah. Es gab aber groß Gewühl dort, und war bis drüben an die Rathswaage und weiter bis zur Kirchen alles voll von Wagen und Menschen; denn es war ein Donnerstag und noch zur Stunde, daß Gast mit Gaste handeln durfte, also daß der Stadtknecht mit dem Griper müßig auf unseres Nachbaren Beischlag saß, maßen es vor der Hand keine Brüchen zu erhaschen gab. Die Ostenfelder Weiber mit

ihren rothen Jacken, die Mädchen von den Inseln mit ihren
Kopftüchern und feinem Silberschmuck, dazwischen die hoch-
gethürmeten Getreidewagen und darauf die Bauern in ihren
gelben Lederhosen – dies alles mochte wohl ein Bild für eines
Malers Auge geben, zumal wenn selbiger, wie ich, bei den
Holländern in die Schule gegangen war; aber die Schwere
meines Gemüthes machte das bunte Bild mir trübe. Doch war
es keine Reu, wie ich vorhin an mir erfahren hatte; ein seh-
nend Leid kam immer gewaltiger über mich; es zerfleischete
mich mit wilden Krallen und sah mich gleichwohl mit holden
Augen an. Drunten lag der helle Mittag auf dem wimmeln-
den Markte; vor meinen Augen aber dämmerte silberne
Mondnacht, wie Schatten stiegen ein paar Zackengiebel auf,
ein Fenster klirrte, und gleich wie aus Träumen schlugen leis
und fern die Nachtigallen. O du mein Gott und mein Er-
löser, der du die Barmherzigkeit bist, wo war sie in dieser
Stunde, wo hatte meine Seele sie zu suchen? – –

Da hörete ich draußen unter dem Fenster von einer harten
Stimme meinen Namen nennen, und als ich hinausschaute,
ersahe ich einen großen hageren Mann in der üblichen
Tracht eines Predigers, obschon sein herrisch und finster Antlitz mit dem schwarzen Haupthaar und dem tiefen Einschnitt
ob der Nase wohl eher einem Kriegsmann anstanden wäre.
Er wies soeben einem andern, untersetzten Manne von bäue-
rischem Aussehen, aber gleich ihm in schwarzwollenen
Strümpfen und Schnallenschuhen, mit seinem Handstocke
nach unserer Hausthür zu, indem er selbst zumal durch das
Marktgewühle von dannen schritt.

Da ich dann gleich darauf die Thürglocke schellen hörte,
ging ich hinab und lud den Fremden in das Wohngemach, wo
er von dem Stuhle, darauf ich ihn genöthigt, mich gar genau
und aufmerksam betrachtete.

Also war selbiger der Küster aus dem Dorfe norden der
Stadt, und erfuhr ich bald, daß man dort einen Maler brauche,
da man des Pastors Bildniß in die Kirche stiften wolle. Ich
forschete ein wenig, was für Verdienst um die Gemeine die-

ser sich erworben hätte, daß sie solche Ehr ihm anzuthun gedächten, da er doch seines Alters halben noch nicht gar lang im Amte stehen könne; der Küster aber meinete, es habe der Pastor freilich wegen eines Stück Ackergrundes einmal einen Proceß gegen die Gemeine angestrenget, sonst wisse er eben nicht, was Sondres könne vorgefallen sein; allein es hingen allbereits die drei Amtsvorweser in der Kirchen, und da sie, wie er sagen müsse, vernommen hätten, ich verstünde das Ding gar wohl zu machen, so sollte der guten Gelegenheit .wegen nun auch der vierte Pastor mit hinein; dieser selber freilich kümmere sich nicht eben viel darum.

Ich hörete dem allen zu; und da ich mit meinem Lazarus am liebsten auf eine Zeit pausiren mochte, das Bildniß des Herrn Titus Axen aber wegen eingetretenen Siechthums desselbigen nicht beginnen konnte, so hub ich an, dem Auftrage näher nachzufragen.

Was mir an Preis für solche Arbeit nun geboten wurde, war zwar gering, so daß ich erstlich dachte: sie nehmen dich für einen Pfennigmaler, wie sie im Kriegstrosse mitziehen, um die Soldaten für ihre heimgebliebenen Dirnen abzumalen; aber es muthete mich plötzlich an, auf eine Zeit allmorgendlich in der goldnen Herbstessonne über die Heide nach dem Dorf hinauszuwandern, das nur eine Wegstunde von unserer Stadt belegen ist. Sagete also zu, nur mit dem Beding, daß die Malerei draußen auf dem Dorfe vor sich ginge, da hier in meines Bruders Hause paßliche Gelegenheit nicht befindlich sei.

Deß schien der Küster gar vergnügt, meinend, das sei alles hiebevor schon fürgesorget; der Pastor hab sich solches gleichfalls ausbedungen; item, es sei dazu die Schulstube in seiner Küsterei erwählet; selbige sei das zweite Haus im Dorfe und liege nahe am Pastorate, nur hintenaus durch die Priesterkoppel davon geschieden, so daß also auch der Pastor leicht hinübertreten könne. Die Kinder, die im Sommer doch nichts lernten, würden dann nach Haus geschicket.

Also schüttelten wir uns die Hände, und da der Küster auch die Maße des Bildes fürsorglich mitgebracht, so konnte

alles Malgeräth, deß ich bedurfte, schon Nachmittages mit
der Priesterfuhr hinausbefördert werden.

Als mein Bruder dann nach Hause kam – erst spät am
Nachmittage; denn ein Ehrsamer Rath hatte dermalen viel
Bedrängniß von einer Schinderleichen, so die ehrlichen Leute
nicht zu Grabe tragen wollten –, meinete er, ich bekäme da
einen Kopf zu malen, wie er nicht oft auf einem Priesterkragen
sitze, und möchte mich mit Schwarz und Braunroth wohl
versehen; erzählete mir auch, es sei der Pastor als Feld-
capellan mit den Brandenburgern hier ins Land gekommen,
als welcher er's fast wilder denn die Offiziers getrieben haben solle; sei übrigens itzt ein scharfer Streiter vor dem
Herrn, der seine Bauern gar meisterlich zu packen wisse. –
Noch merkete mein Bruder an, daß bei desselbigen Amts-
eintritt in unserer Gegend adelige Fürsprach eingewirket haben solle, wie es heiße, von drüben aus dem Holsteinischen
her; der Archidiaconus habe bei der Klosterrechnung ein
Wörtlein davon fallen lassen. War jedoch Weiteres meinem
Bruder darob nicht kund geworden.

So sahe mich denn die Morgensonne des nächsten Tages
rüstig über die Heide schreiten, und war mir nur leid, daß
letztere allbereits ihr rothes Kleid und ihren Würzeduft ver-
brauchet und also diese Landschaft ihren ganzen Sommer-
schmuck verloren hatte; denn von grünen Bäumen war weit-
hin nichts zu ersehen; nur der spitze Kirchthurm des Dorfes,
dem ich zustrebte – wie ich bereits erkennen mochte, ganz von
Granitquadern auferbauet –, stieg immer höher vor mir in
den dunkelblauen Octoberhimmel. Zwischen den schwarzen
Strohdächern, die an seinem Fuße lagen, krüppelte nur nied-
rig Busch- und Baumwerk; denn der Nordwestwind, so hier
frisch von der See heraufkommt, will freien Weg zu fahren
haben.

Als ich das Dorf erreichet und auch alsbald mich nach der
Küsterei gefunden hatte, stürzete mir sofort mit lustigem Geschrei die ganze Schul entgegen; der Küster aber hieß an sei-

ner Hausthür mich willkommen. „Merket Ihr wohl, wie gern sie von der Fibel laufen!" sagte er. „Der eine Bengel hatte Euch schon durchs Fenster kommen sehen."

In dem Prediger, der gleich danach ins Haus trat, erkannte ich denselbigen Mann, den ich schon tags zuvor gesehen hatte. Aber auf seine finstere Erscheinung war heute gleichsam ein Licht gesetzet; das war ein schöner blasser Knabe, den er an der Hand mit sich führete; das Kind mochte etwan vier Jahre zählen und sahe fast winzig aus gegen des Mannes hohe knochige Gestalt.

Da ich die Bildnisse der früheren Prediger zu sehen wünschte, so gingen wir mitsammen in die Kirche, welche also hoch belegen ist, daß man nach den anderen Seiten über Marschen und Heide, nach Westen aber auf den nicht gar fernen Meeresstrand hinunterschauen kann. Es mußte eben Fluth sein; denn die Watten waren überströmet, und das Meer stund wie ein lichtes Silber. Da ich anmerkete, wie oberhalb desselben die Spitze des Festlandes und von der andern Seite diejenige der Insel sich gegen einander streckten, wies der Küster auf die Wasserfläche, so dazwischen liegt. „Dort", sagte er, „hat einst meiner Eltern Haus gestanden; aber anno 34 bei der großen Fluth trieb es gleich hundert anderen in den grimmen Wassern; auf der einen Hälfte des Daches ward ich an diesen Strand geworfen, auf der anderen fuhren Vater und Bruder in die Ewigkeit hinaus."

Ich dachte: ‚So stehet die Kirche wohl am rechten Ort; auch ohne den Pastor wird hier vernehmentlich Gottes Wort geprediget.'

Der Knabe, welchen letzterer auf den Arm genommen hatte, hielt dessen Nacken mit beiden Ärmchen fest umschlungen und drückte die zarte Wange an das schwarze bärtige Gesicht des Mannes, als finde er so den Schutz vor der ihn schreckenden Unendlichkeit, die dort vor unseren Augen ausgebreitet lag.

Als wir in das Schiff der Kirche eingetreten waren, betrachtete ich mir die alten Bildnisse und sahe auch einen Kopf darunter, der wohl eines guten Pinsels werth gewesen wäre; jedennoch war es alles eben Pfennigmalerei, und sollte demnach der Schüler van der Helsts hier in gar sondere Gesellschaft kommen.

Da ich solches eben in meiner Eitelkeit bedachte, sprach die harte Stimme des Pastors neben mir: „Es ist nicht meines Sinnes, daß der Schein des Staubes dauere, wenn der Odem Gottes ihn verlassen; aber ich habe der Gemeine Wunsch nicht widerstreben mögen; nur, Meister, machet es kurz; ich habe besseren Gebrauch für meine Zeit."

Nachdem ich dem finsteren Manne, an dessen Antlitz ich gleichwohl für meine Kunst Gefallen fand, meine beste Bemühung zugesaget, fragete ich einem geschnitzten Bilde der Maria nach, so von meinem Bruder mir war gerühmet worden.

Ein fast verachtend Lächeln ging über des Predigers Angesicht. „Da kommet Ihr zu spät", sagte er, „es ging in Trümmer, da ich's aus der Kirche schaffen ließ."

Ich sah ihn fast erschrocken an. „Und wolltet Ihr des Heilands Mutter nicht in Euerer Kirche dulden?"

„Die Züge von des Heilands Mutter", entgegnete er, „sind nicht überliefert worden."

– „Aber wollet Ihr's der Kunst mißgönnen, sie in frommem Sinn zu suchen?"

Er blickte eine Weile finster auf mich herab; denn, obschon ich zu den Kleinen nicht zu zählen, so überragte er mich doch um eines halben Kopfes Höhe; – dann sprach er heftig: „Hat nicht der König die holländischen Papisten dort auf die zerrissene Insel herberufen; nur um durch das Menschenwerk der Deiche des Höchsten Strafgericht zu trotzen? Haben nicht noch letzlich die Kirchenvorsteher drüben in der Stadt sich zwei der Heiligen in ihr Gestühle schnitzen lassen? Betet und wachet! Denn auch hier geht Satan noch von Haus zu Haus! Diese Marienbilder sind nichts als Säugammen der Sinnenlust und des Papismus; die Kunst hat allzeit mit der Welt gebuhlt!"

Ein dunkles Feuer glühte in seinen Augen, aber seine Hand lag liebkosend auf dem Kopf des blassen Knaben, der sich an seine Knie schmiegte.

Ich vergaß darob, des Pastors Worte zu erwidern; mahnete aber danach, daß wir in die Küsterei zurückgingen, wo ich alsdann meine edle Kunst an ihrem Widersacher selber zu erproben anhub.

Also wanderte ich fast einen Morgen um den andern über die Heide nach dem Dorfe, wo ich allzeit den Pastor schon meiner harrend antraf. Geredet wurde wenig zwischen uns; aber das Bild nahm desto rascheren Fortgang. Gemeiniglich saß der Küster neben uns und schnitzete allerlei Geräthe gar säuberlich aus Eichenholz, dergleichen als eine Hauskunst hier überall betrieben wird; auch habe ich das Kästlein, woran er derzeit arbeitete, von ihm erstanden und darin vor Jahren die ersten Blätter dieser Niederschrift hinterlegt, alswie denn auch mit Gottes Willen diese letzten darin sollen beschlossen sein. –

In des Predigers Wohnung wurde ich nicht geladen und betrat selbige auch nicht; der Knabe aber war allzeit mit ihm in der Küsterei; er stand an seinen Knien, oder er spielte mit Kieselsteinchen in der Ecke des Zimmers. Da ich selbigen einmal fragte, wie er heiße, antwortete er: „Johannes!" – „Johannes?" entgegnete ich, „so heiße ich ja auch!" – Er sah mich groß an, sagte aber weiter nichts.

Weshalb rühreten diese Augen so an meine Seele? – Einmal gar überraschete mich ein finsterer Blick des Pastors, da ich den Pinsel müßig auf der Leinewand ruhen ließ. Es war etwas in dieses Kindes Antlitz, das nicht aus seinem kurzen Leben kommen konnte; aber es war kein froher Zug. So, dachte ich, sieht ein Kind, das unter einem kummerschweren Herzen ausgewachsen. Ich hätte oft die Arme nach ihm breiten mögen; aber ich scheuete mich vor dem harten Manne, der es gleich einem Kleinod zu behüten schien. Wohl dachte ich oft: ‚Welch eine Frau mag dieses Knaben Mutter sein?' –

61

Des Küsters alte Magd hatte ich einmal nach des Predigers Frau befraget; aber sie hatte mir kurzen Bescheid gegeben: „Die kennt man nicht; in die Bauernhäuser kommt sie kaum, wenn Kindelbier und Hochzeit ist." – Der Pastor selbst sprach nicht von ihr. Aus dem Garten der Küsterei, welcher in eine dichte Gruppe von Fliederbüschen ausläuft, sahe ich sie einmal langsam über die Priesterkoppel nach ihrem Hause gehen; aber sie hatte mir den Rücken zugewendet, so daß ich nur ihre schlanke, jugendliche Gestalt gewahren konnte, und außerdem ein paar gekräuselte Löckchen, in der Art, wie sie sonst nur von den Vornehmeren getragen werden und die der Wind von ihren Schläfen wehte. Das Bild ihres finsteren Ehgesponsen trat mir vor die Seele, und mir schien, es passe dieses Paar nicht wohl zusammen.

– – An den Tagen, wo ich nicht da draußen war, hatte ich auch die Arbeit an meinem Lazarus wieder aufgenommen, so daß nach einiger Zeit diese Bilder mit einander nahezu vollendet waren.

So saß ich eines Abends nach vollbrachtem Tagewerke mit meinem Bruder unten in unserem Wohngemache. Auf dem Tisch am Ofen war die Kerze fast herabgebrannt, und die holländische Schlaguhr hatte schon auf Eilf gewarnt; wir aber saßen am Fenster und hatten der Gegenwart vergessen; denn wir gedachten der kurzen Zeit, die wir mitsammen in unserer Eltern Haus verlebet hatten; auch unseres einzigen lieben Schwesterleins gedachten wir, das im ersten Kindbette verstorben und nun seit lange schon mit Vater und Mutter einer fröhlichen Auferstehung entgegenharrete. – Wir hatten die Läden nicht vorgeschlagen; denn es that uns wohl, durch das Dunkel, so draußen auf den Erdenwohnungen der Stadt lag, in das Sternenlicht des ewigen Himmels hinaufzublicken.

Am Ende verstummeten wir beide in uns selber, und wie auf einem dunkeln Strome trieben meine Gedanken zu ihr, bei der sie allzeit Rast und Unrast fanden. – – Da, gleich einem Stern aus unsichtbaren Höhen, fiel es mir jählings in die Brust: Die Augen des schönen blassen Knaben, es waren ja ihre

Augen! Wo hatte ich meine Sinne denn gehabt! – – Aber dann, wenn sie es war, wenn ich sie selber schon gesehen! – Welch schreckbare Gedanken stürmten auf mich ein!

Indem legte sich die eine Hand meines Bruders mir auf die Schulter, mit der andern wies er auf den dunkeln Markt hinaus, von wannen aber itzt ein heller Schein zu uns herüberschwankte. „Sieh nur!" sagte er. „Wie gut, daß wir das Pflaster mit Sand und Heide ausgestopfet haben! Die kommen von des Glockengießers Hochzeit; aber an ihren Stockleuchten sieht man, daß sie gleichwohl hin und wider stolpern."

Mein Bruder hatte recht. Die tanzenden Leuchten zeugeten deutlich von der Trefflichkeit des Hochzeitschmauses; sie kamen uns so nahe, daß die zwei gemalten Scheiben, so letzlich von meinem Bruder als eines Glasers Meisterstück erstanden waren, in ihren satten Farben wie in Feuer glühten. Als aber dann die Gesellschaft an unserem Hause laut redend in die Krämerstraße einbog, hörete ich einen unter ihnen sagen: „Ei freilich; das hat der Teufel uns verpurret! Hatte mich leblang darauf gespitzet, einmal eine richtige Hex so in der Flammen singen zu hören!"

Die Leuchten und die lustigen Leute gingen weiter, und draußen die Stadt lag wieder still und dunkel.

„O weh!" sprach mein Bruder; „den trübet, was mich tröstet."

Da fiel es mir erst wieder bei, daß am nächsten Morgen die Stadt ein grausam Spectacul vor sich habe. Zwar war die junge Person, so wegen einbekannten Bündnisses mit dem Satan zu Aschen sollte verbrannt werden, am heutigen Morgen vom Frone todt in ihrem Kerker aufgefunden worden; aber dem todten Leibe mußte gleichwohl sein peinlich Recht geschehen.

Das war nun vielen Leuten gleich einer kalt gestellten Suppen. Hatte doch auch die Buchführer-Witwe Liebernickel, so unter dem Thurm der Kirche den grünen Bücherschranken hat, mir am Mittage, da ich wegen der Zeitung bei ihr eingetreten, aufs heftigste geklaget, daß nun das Lied, so sie im voraus darüber habe anfertigen und drucken lassen, nur kaum noch passen werde wie die Faust aufs Auge. Ich aber, und mit mir mein viellieber Bruder, hatte so meine eigenen Gedanken von dem Hexenwesen und freuete mich, daß unser Herrgott – denn der war es doch wohl gewesen – das arme junge Mensch so gnädiglich in seinen Schoß genommen hatte.

Mein Bruder, welcher weichen Herzens war, begann gleichwohl der Pflichten seines Amts sich zu beklagen; denn er hatte drüben von der Rathhaustreppe das Urthel zu verlesen, sobald der Racker den todten Leichnam davor aufgefahren, und hernach auch der Justification selber zu assistiren. „Es schneidet mir schon itzund in das Herz“, sagte er, „das greuelhafte Gejohle, wenn sie mit dem Karren die Straße herabkommen; denn die Schulen werden ihre Buben und die Zunftmeister ihre Lehrburschen loslassen. – An deiner Statt“, fügete er bei, „der du ein freier Vogel bist, würde ich aufs Dorf hinausmachen und an dem Conterfey des schwarzen Pastors weiter malen!“

Nun war zwar festgesetzet worden, daß ich am nächstfolgenden Tage erst wieder hinauskäme; aber mein Bruder redete mir zu, unwissend, wie er die Ungeduld in meinem Herzen schürete; und so geschah es, daß alles sich erfüllen mußte, was ich getreulich in diesen Blättern niederschreiben werde.

Am andern Morgen, als drüben vor meinem Kammerfenster nur kaum der Kirchthurmhahn in rothem Frühlicht blinkte, war ich schon von meinem Lager aufgesprungen; und bald schritt ich über den Markt, allwo die Bäcker, vieler Käufer harrend, ihre Brotschragen schon geöffnet hatten; auch sahe ich, wie an dem Rathhause der Wachtmeister und die Fußknechte in Bewegung waren, und hatte Einer bereits einen schwarzen Teppich über das Geländer der großen Treppe aufgehangen; ich aber ging durch den Schwibbogen, so unter dem Rathhause ist, eilends zur Stadt hinaus.

Als ich hinter dem Schloßgarten auf dem Steige war,

sahe ich drüben bei der Lehmkuhle, wo sie den neuen Galgen hingesetzet, einen mächtigen Holzstoß aufgeschichtet. Ein paar Leute hantirten noch daran herum, und mochten das der Fron und seine Knechte sein, die leichten Brennstoff zwischen die Hölzer thaten; von der Stadt her aber kamen schon die ersten Buben über die Felder ihnen zugelaufen. – Ich achtete deß nicht weiter, sondern wanderte rüstig fürbaß, und da ich hinter den Bäumen hervortrat, sahe ich mir zur Linken das Meer im ersten Sonnenstrahl entbrennen, der im Osten über die Heide emporstieg. Da mußte ich meine Hände falten:

O Herr, mein Gott und Christ,
Sei gnädig mit uns allen,
Die wir in Sünd gefallen,
Der du die Liebe bist! – –

Als ich draußen war, wo die breite Landstraße durch die Heide führte, begegneten mir viele Züge von Bauern; sie hatten ihre kleinen Jungen und Dirnen an den Händen und zogen sie mit sich fort.

„Wohin strebet ihr denn so eifrig?" fragte ich den einen Haufen; „es ist ja doch kein Markttag heute in der Stadt."

Nun, wie ich's wohl zum voraus wußte, sie wollten die Hexe, das junge Satansmensch, verbrennen sehen.

– „Aber die Hexe ist ja todt!"

„Freilich, das ist ein Verdruß", meineten sie; „aber es ist unserer Hebamme, der alten Mutter Siebenzig, ihre Schwestertochter; da können wir nicht außen bleiben und müssen mit dem Reste schon fürlieb nehmen." –

– – Und immer neue Scharen kamen daher; und itzund tauchten auch schon Wagen aus dem Morgennebel, die statt mit Kornfrucht heut mit Menschen voll geladen waren. – Da ging ich abseits über die Heide, obwohl noch der Nachtthau von dem Kraute rann; denn mein Gemüth verlangte nach der Einsamkeit; und ich sahe von fern, wie es den Anschein hatte, das ganze Dorf des Weges nach der Stadt ziehen. Als ich auf dem Hünenhügel stund, der hier inmitten der Heide

liegt, überfiel es mich, als müsse auch ich zur Stadt zurück-
kehren oder etwan nach links hinab an die See gehen, oder
nach dem kleinen Dorfe, das dort unten hart am Strande liegt;
aber vor mir in der Luft schwebete etwas wie ein Glück, wie
eine rasende Hoffnung, und es schüttelte mein Gebein, und
meine Zähne schlugen an einander. ‚Wenn sie es wirklich war,
so letzlich mit meinen eigenen Augen ich erblicket, und wenn
dann heute –‘ Ich fühlte mein Herz gleich einem Hammer an
den Rippen; ich ging weit um durch die Heide; ich wollte
nicht sehen, ob auf der Wagen einem auch der Prediger nach
der Stadt fahre. – Aber ich ging dennoch endlich seinem Dorfe
zu.

Als ich es erreichet hatte, schritt ich eilends nach der Thür
des Küsterhauses. Sie war verschlossen. Eine Weile stund ich
unschlüssig; dann hub ich mit der Faust zu klopfen an. Drinnen blieb alles ruhig; als ich aber stärker klopfte, kam des Küsters alte halb blinde Trienke aus einem Nachbarhause.

„Wo ist der Küster?“ fragte ich.

– „Der Küster? Mit dem Priester in die Stadt gefahren.“

Ich starrete die Alte an; mir war, als sei ein Blitz durch
mich dahin geschlagen.

„Fehlet Euch etwas, Herr Maler?“ frug sie.

Ich schüttelte den Kopf und sagte nur: „So ist wohl heute
keine Schule, Trienke?“

– „Bewahre! Die Hexe wird ja verbrannt!“

Ich ließ mir von der Alten das Haus aufschließen, holte
mein Malergeräthe und das fast vollendete Bildniß aus
des Küsters Schlafkammer und richtete, wie gewöhnlich,
meine Staffelei in dem leeren Schulzimmer. Ich pinselte etwas
an der Gewandung; aber ich suchte damit nur mich selber zu
belügen; ich hatte keinen Sinn zum Malen; war ja um dessen
willen auch nicht hieher gekommen.

Die Alte kam hereingelaufen, stöhnte über die arge Zeit
und redete über Bauern- und Dorfsachen, die ich nicht ver-
stund; mich selber drängete es, sie wieder einmal nach des
Predigers Frau zu fragen, ob selbige alt oder jung, und auch,

woher sie gekommen sei; allein ich brachte das Wort nicht
über meine Zungen. Dagegen begann die Alte ein lang Ge-
spinste von der Hex und ihrer Sippschaft hier im Dorfe und
von der Mutter Siebenzig, so mit Vorspuksehen behaftet sei;
erzählte auch, wie selbige zur Nacht, da die Gicht dem alten
Weibe keine Ruh gelassen, drei Leichlaken über des Pastors
Hausdach habe fliegen sehen: es gehe aber solch Gesichte allzeit richtig aus, und Hoffart komme vor dem Falle; denn sei
die Frau Pastorin bei aller ihrer Vornehmheit doch nur eine
blasse und schwächliche Kreatur.

Ich mochte solch Geschwätz nicht fürder hören; ging daher
aus dem Hause und auf dem Wege herum, da wo das Pasto-
rat mit seiner Fronte gegen die Dorfstraße liegt; wandte auch
unter bangem Sehnen meine Augen nach den weißen Fenstern,
konnte aber hinter den blinden Scheiben nichts gewahren als
ein paar Blumenscherben, wie sie überall zu sehen sind. – Ich
hätte nun wohl umkehren mögen; aber ich ging dennoch
weiter. Als ich auf den Kirchhof kam, trug von der Stadt-
seite der Wind ein wimmernd Glockenläuten an mein Ohr;
ich aber wandte mich und blickte hinab nach Westen, wo wiederum das Meer wie lichtes Silber am Himmelssaume hinfloß,
und war doch ein tobend Unheil dort gewesen, worin in einer
Nacht des Höchsten Hand viel tausend Menschenleben hin-
geworfen hatte. Was krümmete denn ich mich so gleich einem
Wurme? – Wir sehen nicht, wie seine Wege führen!

Ich weiß nicht mehr, wohin mich damals meine Füße noch
getragen haben; ich weiß nur, daß ich in einem Kreis gegangen bin; denn da die Sonne fast zur Mittagshöhe war,
langete ich wieder bei der Küsterei an. Ich ging aber nicht in
das Schulzimmer an meine Staffelei, sondern durch das Hin-
terpförtlein wieder zum Hause hinaus. – –

Das ärmliche Gärtlein ist mir unvergessen, obschon seit jenem Tage meine Augen es nicht mehr gesehen. – Gleich dem
des Predigerhauses von der anderen Seite, trat es als ein brei-
ter Streifen in die Priesterkoppel; inmitten zwischen beiden
aber war eine Gruppe dichter Weidenbüsche, welche zur Ein-

fassung einer Wassergrube dienen mochten; denn ich hatte einmal eine Magd mit vollem Eimer wie aus einer Tiefe daraus hervorsteigen sehen.

Als ich ohne viel Gedanken, nur mein Gemüthe erfüllet von nicht zu zwingender Unrast, an des Küsters abgeheimseten Bohnenbeeten hinging, hörete ich von der Koppel draußen eine Frauenstimme von gar holdem Klang, und wie sie liebreich einem Kinde zusprach.

Unwillens schritt ich solchem Schalle nach; so mochte einst der griechische Heidengott mit seinem Stabe die Todten nach sich gezogen haben. Schon war ich am jenseitigen Rande des Holundergebüsches, das hier ohne Verzäunung in die Koppel ausläuft, da sahe ich den kleinen Johannes mit einem Ärmchen voll Moos, wie es hier in dem kümmerlichen Grase wächst, gegenüber hinter die Weiden gehen; er mochte sich dort damit nach Kinderart ein Gärtchen angeleget haben. Und wieder kam die holde Stimme an mein Ohr: „Nun heb nur an; nun hast du einen ganzen Haufen! Ja, ja; ich such derweil noch mehr; dort am Holunder wächst genug!"

Und dann trat sie selber hinter den Weiden hervor; ich hatte ja längst schon nicht gezweifelt. – Mit den Augen auf dem Boden suchend, schritt sie zu mir her, so daß ich ungestöret sie betrachten durfte; und mir war, als gliche sie nun gar seltsam dem Kinde wieder, das sie einst gewesen war, für das ich den „Buhz" einst von dem Baum herabgeschossen hatte; aber dieses Kinderantlitz von heute war bleich und weder Glück noch Muth darin zu lesen.

So war sie mählich näher kommen, ohne meiner zu gewahren; dann kniete sie nieder an einem Streifen Moos, der unter den Büschen hinlief; doch ihre Hände pflückten nicht davon; sie ließ das Haupt auf ihre Brust sinken, und es war, als wolle sie nur ungesehen vor dem Kinde in ihrem Leide ausruhen.

Da rief ich leise: „Katharina!"

Sie blickte auf; ich aber ergriff ihre Hand und zog sie gleich einer Willenlosen zu mir unter den Schatten der Büsche. Doch als ich sie endlich also nun gefunden hatte und keines Wortes mächtig vor ihr stund, da sahen ihre Augen weg von mir, und mit fast einer fremden Stimme sagte sie: „Es ist nun einmal so, Johannes! Ich wußte wohl, du seiest der fremde Maler; ich dachte nur nicht, daß du heute kommen würdest."

Ich hörete das, und dann sprach ich es aus: „Katharina, – – so bist du des Predigers Eheweib?"

Sie nickte nicht; sie sah mich starr und schmerzlich an. „Er hat das Amt dafür bekommen", sagte sie, „und dein Kind den ehrlichen Namen."

– „Mein Kind, Katharina?"

„Und fühltest du das nicht? Er hat ja doch auf deinem Schoß gesessen; einmal doch, er selbst hat es mir erzählet."

– – Möge keines Menschen Brust ein solches Weh zerfleischen! – „Und du, du und mein Kind, ihr solltet mir verloren sein!"

Sie sah mich an, sie weinte nicht, sie war nur gänzlich todtenbleich.

„Ich will das nicht!" schrie ich; „ich will..." Und eine wilde Gedankenjagd rasete mir durchs Hirn.

Aber ihre kleine Hand hatte gleich einem kühlen Blatte sich auf meine Stirn gelegt, und ihre braunen Augensterne auf dem blassen Antlitz sahen mich flehend an. „Du, Johannes", sagte sie, „du wirst es nicht sein, der mich noch elender machen will."

– „Und kannst denn du so leben, Katharina?"

„Leben? – – Es ist ja doch ein Glück dabei; er liebt das Kind; – was ist denn mehr noch zu verlangen?"

– „Und von uns, von dem, was einst gewesen ist, weiß er davon?"

„Nein, nein!" rief sie heftig. „Er nahm die Sünderin zum Weibe: mehr nicht. O Gott, ist's denn nicht genug, daß jeder neue Tag ihm angehört!"

In diesem Augenblicke tönete ein zarter Gesang zu uns herüber. – „Das Kind", sagte sie. „Ich muß zu dem Kinde; es könnte ihm ein Leids geschehen!"

Aber meine Sinne zieleten nur auf das Weib, das sie begehrten. „Bleib doch", sagte ich, „es spielet ja fröhlich dort mit seinem Moose."

Sie war an den Rand des Gebüsches getreten und horchete hinaus. Die goldene Herbstsonne schien so warm hernieder, nur leichter Hauch kam von der See herauf. Da hörten wir von jenseit durch die Weiden das Stimmlein unseres Kindes singen:

> Zwei Englein, die mich decken,
> Zwei Englein, die mich strecken,
> Und zweie, so mich weisen
> In das himmlische Paradeisen.

Katharina war zurückgetreten, und ihre Augen sahen groß und geisterhaft mich an. „Und nun leb wohl, Johannes", sprach sie leise; „auf Nimmerwiedersehen hier auf Erden!"

Ich wollte sie an mich reißen; ich streckte beide Arme nach ihr aus; doch sie wehrete mich ab und sagte sanft: „Ich bin des anderen Mannes Weib; vergiß das nicht."

Mich aber hatte auf diese Worte ein fast wilder Zorn ergriffen. „Und wessen, Katharina", sprach ich hart, „bist du gewesen, ehe bevor du sein geworden?"

Ein weher Klaglaut brach aus ihrer Brust; sie schlug die Hände vor ihr Angesicht und rief: „Weh mir! O wehe, mein entweihter armer Leib!"

Da wurd ich meiner schier unmächtig; ich riß sie jäh an meine Brust, ich hielt sie wie mit Eisenklammern und hatte sie endlich, endlich wieder! Und ihre Augen sanken in die meinen, und ihre rothen Lippen duldeten die meinen; wir umschlangen uns inbrünstiglich; ich hätte sie tödten mögen, wenn wir also mit einander hätten sterben können. Und als dann meine Blicke voll Seligkeit auf ihrem Antlitz weideten, da sprach sie, fast erstickt von meinen Küssen: „Es ist ein langes, banges Leben! O Jesu Christ, vergib mir diese Stunde!"

– – Es kam eine Antwort; aber es war die harte Stimme jenes Mannes, aus dessen Munde ich itzt zum ersten Male ihren Namen hörte. Der Ruf kam von drüben aus dem Predigergarten, und noch einmal und härter rief es: „Katharina!"

Da war das Glück vorbei; mit einem Blicke der Verzweiflung sahe sie mich an; dann stille wie ein Schatten war sie fort.

– – Als ich in die Küsterei trat, war auch schon der Küster wieder da. Er begann sofort von der Justification der armen Hexe auf mich einzureden. „Ihr haltet wohl nicht viel davon", sagte er; „sonst wäret Ihr heute nicht aufs Dorf gegangen, wo der Herr Pastor gar die Bauern und ihre Weiber in die Stadt getrieben."

Ich hatte nicht die Zeit zur Antwort; ein gellender Schrei durchschnitt die Luft; ich werde ihn leblang in den Ohren haben.

„Was war das, Küster?" rief ich.

Der Mann riß ein Fenster auf und horchete hinaus, aber es geschah nichts weiter. „So mir Gott", sagte er, „es war ein Weib, das so geschrien hat; und drüben von der Priesterkoppel kam's."

Indem war auch die alte Trienke in die Thür gekommen. „Nun, Herr?" rief sie mir zu. „Die Leichlaken sind auf des Pastors Dach gefallen!"

– „Was soll das heißen, Trienke?"

„Das soll heißen, daß sie des Pastors kleinen Johannes soeben aus dem Wasser ziehen."

Ich stürzete aus dem Zimmer und durch den Garten auf die Priesterkoppel; aber unter den Weiden fand ich nur das dunkle Wasser und Spuren feuchten Schlammes daneben auf dem Grase. – Ich bedachte mich nicht, es war ganz wie von selber, daß ich durch das weiße Pförtchen in des Pastors Garten ging. Da ich eben ins Haus wollte, trat er selber mir entgegen.

Der große knochige Mann sah gar wüste aus; seine Augen waren geröthet, und das schwarze Haar hing wirr ihm ins Gesicht. „Was wollt Ihr?" sagte er.

Ich starrete ihn an; denn mir fehlete das Wort. Ja, was wollte ich denn eigentlich?

„Ich kenne Euch!" fuhr er fort. „Das Weib hat endlich alles ausgeredet."

Das machte mir die Zunge frei. „Wo ist mein Kind?" rief ich.

Er sagte: „Die beiden Eltern haben es ertrinken lassen."

– „So laßt mich zu meinem todten Kinde!"

Allein, da ich an ihm vorbei in den Hausflur wollte, drängete er mich zurück. „Das Weib", sprach er, „liegt bei dem Leichnam und schreit zu Gott aus ihren Sünden. Ihr sollt nicht hin, um ihrer armen Seelen Seligkeit!"

Was dermalen selber ich gesprochen, ist mir schier vergessen; aber des Predigers Worte gruben sich in mein Gedächtniß. „Höret mich!" sprach er. „So von Herzen ich Euch hasse, wofür dereinst mich Gott in seiner Gnade wolle büßen lassen, und Ihr vermuthendlich auch mich – noch ist Eines uns gemeinsam. – Geht itzo heim und bereitet eine Tafel oder Leinewand! Mit solcher kommet morgen in der Frühe wieder und malet darauf des todten Knaben Antlitz. Nicht mir oder meinem Hause; der Kirchen hier, wo er sein kurz unschuldig Leben ausgelebet, möget Ihr das Bildniß stiften. Mög es dort die Menschen mahnen, daß vor der knöchern Hand des Todes alles Staub ist!"

Ich blickte auf den Mann, der kurz vordem die edle Malerkunst ein Buhlweib mit der Welt gescholten; aber ich sagte zu, daß alles so geschehen möge.

– – Daheim indessen wartete meiner eine Kunde, so meines Lebens Schuld und Buße gleich einem Blitze jählings aus dem Dunkel hob, so daß ich Glied um Glied die ganze Kette vor mir leuchten sahe.

Mein Bruder, dessen schwache Constitution von dem abscheulichen Spectacul, dem er heute assistiren müssen, hart ergriffen war, hatte sein Bette aufgesucht. Da ich zu ihm eintrat, richtete er sich auf. „Ich muß noch eine Weile ruhen", sagte er, indem er ein Blatt der Wochenzeitung in meine Hand gab; „aber lies doch dieses! Da wirst du sehen, daß Herrn Gerhardus' Hof in fremde Hände kommen, maßen Junker Wulf ohn Weib und Kind durch eines tollen Hundes Biß gar jämmerlichen Todes verfahren ist."

Ich griff nach dem Blatte, das mein Bruder mir entgegenhielt; aber es fehlte nicht viel, daß ich getaumelt wäre. Mir war's bei dieser Schreckenspost, als sprängen des Paradieses Pforten vor mir auf; aber schon sahe ich am Eingange den Engel mit dem Feuerschwerte stehen, und aus meinem Herzen schrie es wieder: O Hüter, Hüter, war dein Ruf so fern! – – Dieser Tod hätte uns das Leben werden können; nun war's nur ein Entsetzen zu den andern.

Ich saß oben auf meiner Kammer. Es wurde Dämmerung, es wurde Nacht; ich schaute in die ewigen Gestirne, und endlich suchte auch ich mein Lager. Aber die Erquickung des Schlafes ward mir nicht zu Theil. In meinen erregten Sinnen war es mir gar seltsamlich, als sei der Kirchthurm drüben meinem Fenster nah gerückt; ich fühlte die Glockenschläge durch das Holz der Bettstatt dröhnen, und ich zählete sie alle die ganze Nacht entlang. Doch endlich dämmerte der Morgen. Die Balken an der Decke hingen noch wie Schatten über mir, da sprang ich auf, und ehbevor die erste Lerche aus den Stoppelfeldern stieg, hatte ich allbereits die Stadt im Rücken.

Aber so frühe ich auch ausgegangen, ich traf den Prediger schon auf der Schwelle seines Hauses stehen. Er geleitete mich auf den Flur und sagte, daß die Holztafel richtig angelanget, auch meine Staffelei und sonstiges Malergeräth aus dem Küsterhause herübergeschaffet sei. Dann legte er seine Hand auf die Klinke einer Stubenthür.

Ich jedoch hielt ihn zurück und sagte: „Wenn es in diesem Zimmer ist, so wollet mir vergönnen, bei meinem schweren Werk allein zu sein!"

„Es wird Euch niemand stören", entgegnete er und zog die Hand zurück. „Was Ihr zur Stärkung Eueres Leibes bedürfet, werdet Ihr drüben in jenem Zimmer finden." Er wies auf eine Thür an der anderen Seite des Flures; dann verließ er mich.

Meine Hand lag itzund statt der des Predigers auf der Klinke. Es war todtenstill im Hause; eine Weile mußte ich mich sammeln, bevor ich öffnete.

Es war ein großes, fast leeres Gemach, wohl für den Confirmandenunterricht bestimmt, mit kahlen weißgetünchten Wänden; die Fenster sahen über öde Felder nach dem fernen Strand hinaus. Inmitten des Zimmers aber stund ein weißes Lager aufgebahret. Auf dem Kissen lag ein bleiches Kinderangesicht; die Augen zu; die kleinen Zähne schimmerten gleich Perlen aus den blassen Lippen.

Ich fiel an meines Kindes Leiche nieder und sprach ein brünstiglich Gebet. Dann rüstete ich alles, wie es zu der Arbeit nöthig war; und dann malte ich – rasch, wie man die Todten malen muß, die nicht zum zweitenmal dasselbig Antlitz zeigen. Mitunter wurd ich wie von der andauernden großen Stille aufgeschrecket; doch wenn ich inne hielt und horchte, so wußte ich bald, es sei nichts da gewesen. Einmal auch war es, als drängen leise Odemzüge an mein Ohr. – Ich trat an das Bette des Todten, aber da ich mich zu dem bleichen Mündlein niederbeugete, berührte nur die Todeskälte meine Wangen.

Ich sahe um mich; es war noch eine Thür im Zimmer; sie mochte zu einer Schlafkammer führen, vielleicht daß es von dort gekommen war! Allein so scharf ich lauschte, ich vernahm nichts wieder; meine eigenen Sinne hatten wohl ein Spiel mit mir getrieben.

So setzete ich mich denn wieder, sahe auf den kleinen Leichnam und malete weiter; und da ich die leeren Händchen ansahe, wie sie auf dem Linnen lagen, so dachte ich: ‚Ein klein Geschenk doch mußt du deinem Kinde geben!‘ Und ich malete auf seinem Bildniß ihm eine weiße Wasserlilie in die Hand, als sei es spielend damit eingeschlafen. Solcher Art Blumen gab es selten in der Gegend hier, und mocht es also ein erwünschet Angebinde sein.

Endlich trieb mich der Hunger von der Arbeit auf, mein ermüdeter Leib verlangte Stärkung. Legete sonach den Pinsel und die Palette fort und ging über den Flur nach dem Zimmer, so der Prediger mir angewiesen hatte. Indem ich aber eintrat, wäre ich vor Überraschung bald zurückgewichen; denn Katharina stund mir gegenüber, zwar in schwarzen

Trauerkleidern und doch in all dem Zauberschein, so Glück und Liebe in eines Weibes Antlitz wirken mögen.

Ach, ich wußte es nur zu bald; was ich hier sahe, war nur ihr Bildniß, das ich selber einst gemalet. Auch für dieses war also nicht mehr Raum in ihres Vaters Haus gewesen. – Aber wo war sie selber denn? Hatte man sie fortgebracht, oder hielt man sie auch hier gefangen? – Lang, gar lange sahe ich das Bildniß an; die alte Zeit stieg auf und quälete mein Herz. Endlich, da ich mußte, brach ich einen Bissen Brot und stürzete ein paar Gläser Wein hinab; dann ging ich zurück zu unserem todten Kinde.

Als ich drüben eingetreten und mich an die Arbeit setzen wollte, zeigete es sich, daß in dem kleinen Angesicht die Augenlider um ein weniges sich gehoben hatten. Da bückete ich mich hinab, im Wahne, ich möchte noch einmal meines Kindes Blick gewinnen; als aber die kalten Augensterne vor mir lagen, überlief mich Grausen; mir war, als sähe ich die Augen jener Ahne des Geschlechtes, als wollten sie noch hier aus unseres Kindes Leichenantlitz künden: „Mein Fluch hat doch euch beide eingeholet!" – Aber zugleich – ich hätte es um alle Welt nicht lassen können – umfing ich mit beiden Armen den kleinen blassen Leichnam und hob ihn auf an meine Brust und herzete unter bitteren Thränen zum ersten Male mein geliebtes Kind. „Nein, nein, mein armer Knabe, deine Seele, die gar den finstern Mann zur Liebe zwang, die blickte nicht aus solchen Augen; was hier herausschaut, ist alleine noch der Tod. Nicht aus der Tiefe schreckbarer Vergangenheit ist es heraufgekommen; nichts anderes ist da als deines Vaters Schuld; sie hat uns alle in die schwarze Fluth hinabgerissen."

Sorgsam legte ich dann wieder mein Kind in seine Kissen und drückte ihm sanft die beiden Augen zu. Dann tauchete ich meinen Pinsel in ein dunkles Roth und schrieb unten in den Schatten des Bildes die Buchstaben: C. P. A. S. Das sollte heißen: Culpa Patris Aquis Submersus, „Durch Vaters Schuld in der Fluth versunken". – Und mit dem Schalle dieser Worte in meinem Ohre, die wie ein schneidend Schwert durch meine Seele fuhren, malete ich das Bild zu Ende.

Während meiner Arbeit hatte wiederum die Stille im Hause fortgedauert, nur in der letzten Stunde war abermalen durch die Thür, hinter welcher ich eine Schlafkammer vermuthet hatte, ein leises Geräusch hereingedrungen. – War Katharina dort, um ungesehen bei meinem schweren Werk mir nah zu sein? – Ich konnte es nicht enträthseln.

Es war schon spät. Mein Bild war fertig, und ich wollte mich zum Gehen wenden; aber mir war, als müsse ich noch einen Abschied nehmen, ohne den ich nicht von hinnen könne.

So stand ich zögernd und schaute durch das Fenster auf die öden Felder draußen, wo schon die Dämmerung begunnte sich zu breiten; da öffnete sich vom Flure her die Thür und der Prediger trat zu mir herein.

Er grüßte schweigend; dann mit gefalteten Händen blieb er stehen und betrachtete wechselnd das Antlitz auf dem Bilde und das des kleinen Leichnams vor ihm, als ob er sorgsame Vergleichung halte. Als aber seine Augen auf die Lilie in der gemalten Hand des Kindes fielen, hub er wie im Schmerze seine beiden Hände auf, und ich sahe, wie seinen Augen jählings ein reicher Thränenquell entstürzete.

Da streckte auch ich meine Arme nach dem Todten und rief überlaut: „Leb wohl, mein Kind! O mein Johannes, lebe wohl!"

Doch in demselben Augenblicke vernahm ich leise Schritte in der Nebenkammer; es tastete wie mit kleinen Händen an der Thür; ich hörte deutlich meinen Namen rufen – oder war es der des todten Kindes? – Dann rauschte es wie von Frauenkleidern hinter der Thüre nieder, und das Geräusch vom Falle eines Körpers wurde hörbar.

„Katharina!" rief ich. Und schon war ich hinzugesprungen und rüttelte an der Klinke der fest verschlossenen Thür; da legte die Hand des Pastors sich auf meinen Arm: „Das ist meines Amtes!" sagte er. „Gehet itzo! Aber gehet in Frieden; und möge Gott uns allen gnädig sein!"

– – Ich bin dann wirklich fortgegangen; ehe ich es selbst begriff, wanderte ich schon draußen auf der Heide auf dem Weg zur Stadt.

Noch einmal wandte ich mich um und schaute nach dem Dorf zurück, das nur noch wie Schatten aus dem Abenddunkel ragte. Dort lag mein todtes Kind – Katharina – alles, alles! – Meine alte Wunde brannte mir in meiner Brust; und seltsam, was ich niemals hier vernommen, ich wurde plötzlich mir bewußt, daß ich vom fernen Strand die Brandung tosen hörete. Kein Mensch begegnete mir, keines Vogels Ruf vernahm ich; aber aus dem dumpfen Brausen des Meeres tönete es mir immerfort, gleich einem finsteren Wiegenliede: Aquis submersus – aquis submersus!

*

Hier endete die Handschrift.

Dessen Herr Johannes sich einstens im Vollgefühl seiner Kraft vermessen, daß er's wohl auch einmal in seiner Kunst den Größeren gleichzutun verhoffe, das sollten Worte bleiben, in die leere Luft gesprochen.

Sein Name gehört nicht zu denen, die genannt werden; kaum dürfte er in einem Künstlerlexikon zu finden sein; ja selbst in seiner engeren Heimat weiß niemand von einem Maler seines Namens. Des großen Lazarusbildes tut zwar noch die Chronik unserer Stadt Erwähnung, das Bild selbst aber ist zu Anfang dieses Jahrhunderts nach dem Abbruch unserer alten Kirche gleich den anderen Kunstschätzen derselben verschleudert und verschwunden.

Aquis submersus.

NOTES

(The first number refers to the page, the second to the line)

1, 2. **Schloßgarten**: This is now a park, well known for its crocuses in spring, in which stands a memorial to Storm.

1, 17. **das Schattenspiel der langgestreckten Insel**: the island of Nordstrand in the bay opposite Husum and Hattstedt.

1, 20. **der graue spitze Kirchturm**: the tower of the church in Hattstedt, a few miles to the north of Husum.

1, 23. **Der Pastorssohn**: Johann Matthias Peter Ohlhues (1815–83), a schoolfriend of Storm. He himself later became a pastor and Storm visited him at home in Duisburg in 1865. His description of this visit can be found in Gertrud Storm, *Theodor Storm*, II, pp. 124–5.

1, 24. **Gelehrtenschule**: This old school in Husum, now the *Hermann-Tast-Schule*, was founded in about 1527 by Hermann Tast of Husum (1490–1551), the man who introduced the Reformation into Schleswig-Holstein. The sixteenth-century building was pulled down in 1876. Storm describes the old school, which he entered in 1826, in *Zerstreute Kapitel, Der Amtschirurgus—Heimkehr.*

1, 27. **Nepos**: Cornelius Nepos (99–24 B.C.), Roman historian. Selections from his lives of illustrious men were popular for school use.

1, 27. **Cicero**: Marcus Tullius Cicero (106–43 B.C.), Roman orator and politician. His speeches and writings were considered models of good Latin, and his works once formed the basis for Latin instruction in the *Sekunda* of the *Gymnasium*.

2, 5. **Immen**: "bees". cf. *Immensee*.

2, 7. **in den Duftwolken der Eriken**: die Erika, "heather", a favourite flower with Storm.

2, 8. **des harzigen Gagelstrauches**: der Gagelstrauch, *myrica gale*, "bayberry", "wax-myrtle". As with the heather, it seems to have been the perfume of this plant which attracted Storm.

2, 20. **hatten wir allezeit . . . fünf Quartier auf der Elle**: "we were treated with great generosity" (lit. "we had five quarters in every ell").

2, 29. **Priesterkoppel: die Koppel**, "paddock", "pasture". In Schleswig-Holstein the word can also be used of a fenced-in field. The **Priesterkoppel** is thus the patch of land belonging to the pastor.

2, 32. **Grauammer**: "corn bunting".

3, 7. **Raubzug nach des Küsters Garten**: Storm's amusement over boys stealing apples is expressed in other works, for instance the poem *August.*

78

3, 10. **unseren Zehnten einzuheimsen**: "to gather in our tithe". **der Zehnte**, "tithe", tax of a tenth part of the proceeds of the land, payable in kind to the church or overlord.

3, 15. **den scharfen Duft der goldknopfigen Rainfarren ... spüre ich noch heute in der Erinnerung**: The paragraph of youthful memories of which this now forms the last sentence was longer in the first draft. In its rewritten form this reference to perfume, indicative of the evanescent nature of youth, now provides the conclusion and climax of this series of reminiscences. The association of perfume and memory is a constant and an important one in Storm's work. Cf. p. 11, l. 9: *Wie liebliche Erinnerung umhauchte mich der Würzeduft des Harzes*, also notes to p. 2, l. 7 and l. 8. **der Rainfarn**: "tansy".

3, 21. **die Röhrenbauten der Lehmwespen**: Storm is referring to the mason wasp, which makes a tubular nest of mud in crevices in walls, buildings or the hollow stems of plants.

4, 8. **der große geschnitzte Altarschrank**: This is probably a description of the altarpiece of the old *Marienkirche* in Husum, which was removed to the church of Schwabstedt in 1807. The **braun geschnitzte Kanzel** is perhaps a reminiscence of the chapel of the *Gasthaus zum Ritter St. Jürgen*, described in the *Novelle In St. Jürgen*.

4, 11. **Kaiphas**: Caiaphas, the Jewish High Priest before whom Christ was tried and at whose instigation he was condemned (Matthew 26, 3 ff., John 11, 49 ff.). He was appointed High Priest *c.* A.D. 18 and deposed A.D. 37.

4, 31. **Sammar**: velvet clerical headgear.

5, 14. **Reformationsalmanachen**: illustrated religious almanachs containing biblical texts, hymns, legends of saints and pious stories.

5, 22. **der traulich sausende Teekessel**: The *Teestunde* was an almost hallowed hour in the Storm household, as Gertrud Storm recalls (*Th.St.* II, p. 146):

Einen gewissen Ruf erlangte allmählich die Nachmittags-Teestunde um 4 Uhr, zu der sich gern die vertrauten Stormfreunde einfanden, besonders im Winter, wenn das große Zimmer links vom Flur behaglich durchwärmt war. Wenn dann Storm, von seinem Mittagsschlafe herunterkommend, mit einem Buche in der Hand ins Zimmer trat, war meistens schon ein kleiner Freundeskreis versammelt. Nachdem zuvor etwas geplaudert und der Tee getrunken war, wurden die Lampen gebracht. Die geleerten Tassen mußten, weil es Storm so behaglicher dünkte, auf dem Tische stehen bleiben. Ehe Storm zu lesen begann, wurde an jeden der Zuhörer die Frage gerichtet, ob er auch bequem sitze, damit die Aufmerksamkeit nicht etwa durch Unbequemlichkeit abgelenkt würde. Vielleicht wurde noch einmal das Feuer im Ofen geschürt, und dann begann der Dichter mit leiser, wie von Musik getragener Stimme zu lesen. „Es klang immer, als würde das, was er vortrug, in der Ferne von einer Violine begleitet," erzählte Fontane.

79

But Fontane the cosmopolitan was amused, too, and a little irritated by his friend's tea-cult (Theodor Fontane, *Erinnerungen, Theodor Storm*):

Das Lämpchen, der Teekessel, dessen Deckel klapperte, die holländische Teekanne daneben, das alles waren Dinge, darauf nicht bloß sein Blick andächtig ruhte—das hätte man ihm gönnen können—, nein, das waren auch Dinge, die gleiche Würdigung von denen erwarteten, die, weil anders geartet, nicht viel davon machen konnten und durch das *Absichtliche* darin ein wenig verstimmt wurden . . . so glaubte Storm ganz ernsthaft, daß eine wirkliche Tasse Tee nur aus einer Husumer Kanne kommen könne. Die Provinzsimpelei steigert sich mitunter bis zum Großartigen.

6, 5. **Adjunktus:** "assistant".

6, 6. **Quarta:** The classes in the German grammar school are numbered the opposite way round to English ones—*Sexta, Quinta, Quarta, Tertia, Sekunda, Prima*. The *Sexta* is thus the lowest class (the English First Form) and the *Prima* the highest (the English Sixth Form).

6, 24. **der eigentliche Sinn der Inschrift:** This is almost ironical, for even when the letters C.P.A.S. are explained at the end of the *Novelle,* as Johannes paints them on to the picture of his dead child, the issue of paternal guilt is really unresolved. In Storm's first handwritten draft Johannes asks himself the question as he paints the letters: "Ob wohl eines Menschen Herz das jemals deuten werde?" In this draft too Storm changed *patris* into *parentis* for no obvious reason except possibly a rhythmic one, since he keeps the translation "durch Vaters Schuld". The alteration in the later draft from *parentis* back again to the unambiguous *patris* is perhaps part of Storm's attempt to load the responsibility for the child's death away from Katharina on to Johannes. Cf. note p. 69, l. 33. *Patris* of course corresponds to the boy's inspired guess in the frame story.

7, 15. **Die Worte mochten für jugendliche Augen wohl nicht sichtbar sein:** This telling sentence is missing from the handwritten drafts; instead we read: "Es war seltsam daß sie mir bisher entgangen waren." Ernst Feise ("Theodor Storms 'Aquis submersus' ", *Xenion,* Baltimore, 1950, p. 227) expresses the significance of the inscription well, "die den Augen weil dem Verständnis seiner Jugend verborgen war, da sie von der Vergänglichkeit alles Irdischen handelt."

7, 17. **Heißewecken:** kind of bread roll popular in North Germany.

8, 27. **es zeigten sich mir als Inhalt:** E. A. McCormick, *Theodor Storm's Novellen. Essays in Literary Technique,* Chapel Hill, 1964, p. 103, criticizes this last in a series of coincidences—"the eagerness with which the yellowed and forgotten pages make themselves known does come alarmingly close to animation"—but continues:

Though we may object to technique here, we must admire the deeper purpose. An insistent past, whose continued existence in the present is visible at every turn and whose "mysteries" manage to liberate themselves—by rare coincidence as well as "naturally"—

from oblivion, conspires with an insistent present in the form of a youthful narrator whose interest and empathy are directed backwards to create a continuous line.

9, 4. **regalieren**: **bewirten**, here "serve me with a good cup of coffee".

9, 7. **in unserm Holstenlande**: The history of Schleswig-Holstein was to a large extent determined by the geographical position of the region, forming as it does a bridge between the southern mainland and the northern peninsulas and islands. The river Eider which divides the two former duchies was also for a long time a political border. Until 1864 both Schleswig and Holstein were effectively under Danish rule, but Holstein at the same time was always a German-owned territory. This situation was further complicated by the partitioning of the duchies, which were ruled partly together and partly separately by the Kings of Denmark and the Dukes of Gottorf (Gottorp). Gerhardus' estate was in Holstein, the town and village in the second part of Johannes' story in Schleswig. Cf. p. 58, l. 15: *adelige Fürsprach ... von drüben aus dem Holsteinischen her*.

9, 8. **am Sonntage Cantate**: the fourth Sunday after Easter, so called after the opening words of the Latin Mass—*Cantate domino* (Psalm 98).

9, 8. **Anno 1661**: Ernst Feise, pp. 230-1, makes a chronology of the events in *Aquis submersus*, suggesting the respective ages of Johannes and Katharina, but, as Clifford Bernd, *Theodor Storm's Craft of Fiction*, pp. 86-7, n. 29, points out, he must surely be mistaken in thinking that Johannes wrote his first manuscript in 1665, immediately after the events it describes, when he was still a young man.

9, 10. **fürbaß**: (archaic) "onwards".

9, 14. **stund**: (arch.) *stand*.

9, 19. **mein theurer Meister van der Helst**: Bartholomäus van der Helst (1613–70), Dutch painter. In 1636 he went to Amsterdam and was the leading portrait painter *c.* 1640–70. He was very influential in his own time.

9, 21. **aller Sorge quitt**: "free of all care".

9, 21. **Zehrpfennig**: "travelling allowance", "money for the journey".

9, 22. **einen Wechsel auf Hamburg**: a bill of exchange, payable in Hamburg, cf. p. 32, l. 35: *nachdem ich bei einem Kaufherrn in Hamburg noch meinen Wechsel umgesetzet*.

9, 22. **itzt**: (arch.) *jetzt*.

9, 24. **Grauwerk**: miniver, the fur of the Russian and Siberian squirrel. Fur was very fashionable at this period, as Storm would read in Laß's description of the dress and hair styles of the time (*Sammelung einiger Husumischen Nachrichten, Hauptwerk*, pp. 153-5).

9, 24. **der Lütticher Degen**: Liège was already famed for the manufacture of weapons in the Middle Ages.

9, 27. **Protector**: "patron".

9, 31. **Er hatte . . . zu Jena die Rechte studiret**: "he had studied law at the University of Jena". This famous University was founded in 1548.

9, 33. **war . . . mit Fleiße obgelegen**: "had taken a keen interest in", "had occupied himself diligently with".

9, 34. **Herzog Friederich**: Friedrich III von Holstein-Gottorf (1616–59). The Gottorf Court enjoyed its greatest authority in the first part of the seventeenth century. The residences of Gottorf, Husum (Schleswig) and Kiel (Holstein) were enlarged and refurnished and there was a flowering of all forms of cultural and intellectual life there. By the Peace of Roskilde (1658) between Sweden and Denmark the House of Gottorf acquired full sovereignty over its part of Schleswig, thus giving great power to Friedrich III. Friedrich planned a University for Schleswig; it was left to his son Christian Albrecht to carry out this scheme, and he founded the new University, but in Kiel, in 1665. Among foreign artists and intellectuals attracted to the Gottorf Court the Dutch in particular came in large numbers.

9, 35. **wegen der Kriegsläufte**: "because of the events of war".

10, 4. **nach dessen seligem Hintritt**: "after his death".

10, 7. **fürnehm**: (arch.) *vornehm*.

10, 14. **war daheim die Kriegsgreuel über das Land gekommen**: The war here referred to is the Polish-Swedish War (1655–60). In 1654 Charles X Gustavus (*der kriegswüthige Schwede, der Schwedische Carolus*) succeeded to the throne of Sweden on the abdication of his cousin Queen Christina. He used the claim made immediately by King John Casimir of Poland to be the rightful King of Sweden as a pretext to engage in war with him (a war necessary to Charles X for other reasons, one of them the contested domination of the Baltic). Russia, Denmark, Austria and Brandenburg (the troops of the Great Elector) all became involved in this war as time went by. In the latter stages (1658) Charles X found himself facing a combined army of Polish, Imperial (Austrian) and Brandenburg troops who, coming to the aid of Denmark (*dem Könige*), with whom Sweden was contesting the domination of the Baltic, drove him out of Schleswig and Holstein. Friedrich III of Gottorf, through his aim to achieve sovereignty in his part of Schleswig, came into conflict with the Danish King, joint ruler with him of Schleswig-Holstein, and was thus involved in the war on Sweden's side. The wars came to an end with the sudden death of Charles X on 22 February 1660. Laß has many references to these wars, especially as they affected Husum, which was occupied and the Kurfürst of Brandenburg lodged in the *Husumer Schloß* (*Hauptwerk*, p. 121). Cf. p. 23, l. 4: *Er rauchte dann wohl eine Pfeife Tabak*.

10, 21. **Käthnerhaus**: the house of a small farmer or cottager.

10, 31. **tückete**: "worried", "disturbed".

10, 33. **was sein edler Vater an mir gethan**: "what his noble father had done for me".

82

10, 36. **Vacanz**: "vacation".

11, 2. **anitzt**: (arch.) *noch jetzt*.

11, 12. **die mit Haselbüschen eingehegten Wiesen**: "the meadows hedged in with hazel bushes".

11, 13. **zwo Reihen**: Storm's "archaism" is correct here, since *zwo* is the old feminine form of *zwei*. He does, however, use it with masculines, cf. p. 20, l. 18: *zwo tolle Kerle*.

12, 8. **Buhz**: "bogey man". Cf. *der Butz, Butzemann, Bussemann*, "kobold", "goblin". Laß, *Hauptwerk*, p. 153, refers to nurses who frighten the children in their charge with the threat "der Busemann solle sie hohlen".

12, 20. **Darob**: (arch.) *deshalb, infolgedessen*.

12, 22. **In Begleitung seines gelahrten Hofmeisters**: The *Hofmeister* was a private tutor in rich families. **gelahrt**: (arch.) *gelehrt*.

12, 24. **pflag**: (arch.) *pflegte*.

12, 26. **insonders**: (arch.) *insbesondere*.

13, 11. **ein alt gebrechlich Fräulein**: a good example of Storm's archaizing use of the uninflected adjective. Cf. also the use of *so* for the relative pronoun in this sentence.

13, 12. **Bas' Ursel**: *Base*, a female relative, often a paternal aunt or cousin. Feise, p. 233, draws attention to the symbolism in the sound of the names *Buhz, Kurt, Wulf, Ursel*. In the first draft Storm seems to waver between *Wolf* and *Wulf* for the name of Katharina's brother. Cf. p. 29, l. 21.

13, 14. **Tricotage**: (Fr.) "piece of knitting".

13, 18. **ganz alamode gekleidet**: The term *alamode* arose during the Thirty Years War to denote exaggerated imitation of French dress and manners. Satirists of the time made fun of it, as for instance in the poem by Friedrich von Logau (1604–55/6), *Fremde Tracht*:

> Alamode-Kleider/ Alamode Sinnen;
> Wie sichs wandelt außen/ wandelt sichs auch innen.

Laß, *Hauptwerk*, pp. 153–5, describes such clothes. Cf. p. 35, l. 26: *machen wir alamode ein ehrbar hazard mitsammen!*

13, 20. **allsogleich**: *sogleich, sofort*.

13, 23. **obligeant**: (Fr.) "obsequiously".

13, 25. **mich aber . . . nannte sie stetig „Er"**: Bas' Ursel uses the new form *Er*, introduced in the seventeenth century as a form of address for the second person singular, to indicate his lower social status. Cf. p. 22, l. 17: *so eigentlich gehöret Er ja auch nicht zur Dienerschaft*.

13, 31. **manierlich**: (Fr.) "politely".

13, 34. **itzo**: (arch.) *jetzt*.

13, 34. **der Herrensohn schnellt itzo deine Waage in die Luft**: the behaviour of the nobleman's son, Kurt van der Risch, is causing the scales to tip in favour of Johannes.

13, 36. **dreie**: Storm commonly uses the inflected numeral as an archaizing device.

14, 9. **itzund**: (arch.) *jetzt*.

14, 10. **güldnen**: (arch.) *goldenen*.

14, 18. **selbigen**: (arch.) *denselben*.

14, 22. **ich mußte der Griechischen Helena gedenken**: Johannes is of course referring to Helen of Troy. The reawakened interest in Classical antiquity is characteristic of the age in which he was living.

14, 24. **Kupferwerk**: After Dürer's mastery of the copperplate engraving in the sixteenth century it flourished in the seventeenth particularly in Holland.

14, 29. **dem Fräulein . . . Seine Reverenze machen**: here "take leave of her".

15, 16. **Odem**: (arch.) *Atem*.

15, 27. **ihr güldner Pathenpfennig**: It was customary for god-parents to give their godchildren decorative coins as christening presents.

16, 6. **erhuben**: (arch.) *erhoben*.

16, 11. **Tartar, Türk**: popular German dogs' names.

16, 34. **es ist ja Frieden worden**: archaizing usage of *worden* for *geworden*. Cf. p. 17, l. 4: *Euer Brieflein ist zwar richtig . . . kommen*.

17, 10. **die Gueridons**: tall candles.

17, 11. **ich bin ein höriger Mann**: "I am a bond servant."

17, 30. **genüber**: *gegenüber*.

18, 35. **Was huckst du allfort an dem Sarge!**: "What are you doing cowering over the coffin all the time!" *hucken* is the Low German form of *hocken*, "to crouch".

19, 1. **Condolenze**: (Fr.) "condolences".

19, 1. **den Trunk kredenzen**: This refers to the old custom whereby host or hostess drank from the glass before offering it to a guest, to show that the drink was not poisoned.

19, 8. **Du trägst da einen bunten Federbalg**: "You are wearing fine feathers". The *Federbalg* is the skin of a bird with the feathers still on it.

19, 8. **man wird dich „Sieur" nun tituliren müssen**: "we shall have to call you Mister now". An ironic comment by the young nobleman on Johannes' apparent rise in prosperity and social standing.

19, 11. **Obschon mir dorten . . . das „Herr" vor meinem Namen nicht gefehlet**: Storm commonly omits the auxiliary verb in his "archaic" style.

19, 13. **Eueres Vaters Sohn hat großes Recht an mir**: "Your father's son can lay a great claim on me".

20, 19. **Flandrisch Tuch**: cloth from Flanders was renowned for both its quality and its fashionableness.

20, 25. **Zwickelbart**: a small pointed beard, mentioned by Laß (*Hauptwerk*, p. 153) as being fashionable in the seventeenth century.

20, 28. **ein ander Regiment**: "a new regime".

20, 28. **allhier**: Storm uses both the archaic forms *allhier* and *allwo* for *hier* and *wo*.

21, 5. **der schöne Waldgrund von dem älteren Ruisdael**:

84

Salomon van Ruijsdael (*c.* 1600–1707), Dutch landscape painter. Uncle and teacher of the more famous Jacob van Ruijsdael. Not in the first draft.

21, 23. **du sollst mein Bild ja malen:** Katharina's normal form of address for Johannes now that they are no longer children is the polite *Ihr*, which sets him as an equal in her eyes. She uses *du* here under emotional stress, and later, when their relationship is intimate. Junker Wulf, on the other hand, treats Johannes as an inferior, addressing him as *du* normally (Bas' Ursel uses *Er* similarly, cf. note p. 13, l. 25) but on one occasion (p. 47, l. 27), with ironic detachment, as *Ihr*. Storm's use of forms of address throughout the *Novelle* is most careful and nicely nuanced.

22, 2. **die Tulpen:** Storm's correctness of detail extends even to the choice of flowers he mentions in this *Novelle*; both aster (cf. p. 14, l. 5) and tulip are suitable for the period. The tulip in particular, which was brought to Europe from Asia in the sixteenth century, was the fashionable flower until the end of the seventeenth, when the carnation became popular. This makes his substitution of a water-lily for the stylized carnation in the hand of the child in the Drelsdorf picture, which is entirely characteristic of its period (cf. Boll, pp. 34–5), all the more significant. Cf. note p. 74, l. 27.

22, 5. **Nonnenspielchen:** a board game, played with ivory pegs (*helfenbeinern Pflöcklein*), possibly in the manner of cribbage.

22, 10. **Nein, es geht nicht aus! Oh, c'est un jeu très-compliqué!** "No, it won't come out! Oh, it's a very complicated game!" Bas' Ursel's remarks are clearly meant to have more than their literal meaning for the reader, although the old lady herself intends no veiled inference. Her words are none the less one of the half-hidden warnings which Johannes fails to hear.

22, 17. **so eigentlich gehöret Er ja auch nicht zur Dienerschaft:** and so would not be expected to wear mourning as all the household, including the servants, would.

22, 20. **Vielmehr rühmte ich der alten Dame die Anmuth ihres Wohngemaches:** The hedges with their nightingales, the ornamental beds and the ivy which later, by a seemingly lucky chance, make themselves discernible to Johannes in the darkness so that he can orientate himself and find safety in Katharina's room are here firmly and negatively associated with Bas' Ursel; the irony is only apparent later. Johannes' arrival is filled with portents which, however, even if he understood them, would avail him little. From the moment he sets foot over Gerhardus' threshold on this last visit the course of events is determined.

22, 31. **etwan:** (arch.) *vielleicht zufällig.*

23, 2. **am Feierabend:** "in the evening", "after the day's work was finished".

23, 4. **Er rauchte dann wohl eine Pfeife Tabak:** cf. Laß, *Haupt-werk*, p. 156: "Den Rauch=Toback machten die Kayserliche Soldaten bekant." Cf. note p. 10, l. 14.

85

23, 9. Frölen: (Low German) *Fräulein*.

23, 26. Kieler Umschlag: The origins of this famous market in Kiel are obscure. Perhaps it moved from Lübeck to Kiel in the fourteenth century; it was known in Kiel certainly in the later part of the fifteenth. Originally a money-exchange, where debts were paid, interest collected, and money lent and borrowed, it was well known even beyond the borders of Schleswig-Holstein and was visited especially by the nobility, then by traders and ordinary people. A goods market joined the money-exchange, and eventually a fair. It took place annually in the month of January around Epiphany-tide (*octavis trium regum*), and did not finally cease to exist until this century. An attempt was made to revive it after the First World War, and again in the 'forties a market was considered, but gradually it faded away and nothing of the kind takes place on the *Alter Markt* today. Storm refers to it again in *Zur Chronik von Grieshuus* for 1660: "So war das neue Jahr gekommen. Die Kriegsunruhen dauerten fort; . . . Trotz alle diesem war um octavis trium regum in der herzoglichen Stadt ob dem Kiele die Ritterschaft nicht minder zahlreich als sonst vertreten; denn das Geld war knapp geworden, und dort, im Umschlage, konnte man solches zu bekommen hoffen."

23, 34. und fror Pickelsteine: "and was freezing hard". The word *Pickelstein* means a clod of earth which is frozen as hard as a stone.

24, 14. ein Saal: The old *Rittersaal* in the *Husumer Schloß*, one of the places Storm mentions in his letter to Kuh of 13 August 1873 (*Briefwechsel Storm-Kuh*, pp. 272–3) as having made a deep impression on him, probably suggested this room.

24, 23. dem Eiderstedter Georg Ovens: The painter Juriaen Ovens was born in Tönning (Eiderstedt) in Holstein in 1623. He served his apprenticeship in Holland, possibly as a pupil of Rembrandt, in the 1640's. In 1651 he went back to Schleswig-Holstein and worked for the Gottorf court. From 1656–63 he was again in Holland, becoming a citizen of Amsterdam, for which he painted a large picture for the new Town Hall in 1662 to replace a rejected (but much superior) one by Rembrandt. In 1663 he returned to Schleswig-Holstein at the request of Duke Christian Albrecht, and lived in Friedrichstadt until his death in 1678. He painted mostly portraits and historical scenes and was very highly regarded in his own time. In *Eekenhof* the mother's portrait is also supposedly painted by Ovens.

25, 10. Wie räthselhafte Wege gehet die Natur: In this passage Storm was no doubt thinking of his own son's inherited alcoholism. It has been pointed out (cf. Bernd, *Theodor Storm's Craft of Fiction*, pp. 42–3) that it would not, in fact, have been possible for Junker Wulf to have inherited the characteristics of an ancestress whose only child died childless and who was not a blood relation. Storm's concern with the damaging effects of heredity could have caused him to overlook this, though of course he does at the end of the *Novelle* have Johannes deny that the ancestress bore any responsibility for the catastrophe—"Nicht aus der Tiefe schreckbarer Vergangenheit ist es

86

heraufgekommen; nichts anderes ist da als deines Vaters Schuld."
(p. 75, l. 27.) The treatment of this important theme in Storm's later
Novellen is in *Aquis submersus* still fairly conventional; but he has made
a beginning. In his next *Novelle* then, *Carsten Curator*, his presentation
is entirely individual; heredity is a form of tragic guilt—"die Schuld
der Vererbung".

25, 33. **Flosculn**: flowery language. Here "taunts".

26, 4. **Urständ**: *Auferstehung.*

26, 8. **maßen**: (arch.) *zumal.*

26, 18. **solcher Gevatterschaft gar gern entrathend**: "only too
gladly forgoing such company".

27, 18. **Ich gedachte eines Stiftsfräuleins zu Preetz**: The attrac-
tive small town of Preetz on the River Schwentine about fifteen kilo-
metres to the south-east of Kiel in the direction of Lübeck acquired its
prosperity through the Benedictine convent there. This was founded
in 1211 by Graf Albrecht von Orlamünde and came to its present site
which was then just outside the village of Poreze (the name is of
slavonic origin and means "on the river") in 1260. The seventy nuns
came mostly from the ranks of the Holstein nobility and Lübeck
Bürgerschaft. After the Reformation the convent became a foundation
for ladies of the nobility; about thirty such ladies are members of
the *Stift* today. The lovely fourteenth-century church and the houses
of the *Stiftsdamen* dating mainly from the seventeenth and eighteenth
centuries are happily still standing and in use.

28, 19. **ein Engelländischer Poet**: This is generally taken to be a
reference to Shakespeare, *The Merchant of Venice*, Act III, Scene 2,
ll. 92–3:

> So are those crisped snaky golden locks
> which make such wanton gambols with the wind.

28, 29. **alsbald**: (arch.) *sofort.*

28, 33. **Störniß**: (arch.) *Störung.*

28, 33. **mit der Jahreszeit rückte auch die Arbeit vor**: The
painting of Katharina's picture, which obviously took several weeks,
is described in detail only for the first and last days of the painting. In
this effective passage Storm convincingly conveys the passage of time
between these two days through the activity of painting (cf. Bernd,
Theodor Storm's Craft of Fiction, p. 16) and through the parallel which
is drawn between the seasonal opening of flowers outside, both in the
wild and in the garden—*Schon stand auf den Waldkoppeln draußen der
Roggen in silbergrauem Blust, und unten im Garten brachen schon die Rosen
auf*—and the "blossoming" inside of Katharina's picture—*dabei
blühete . . . immer süßer das holde Antlitz auf*. This underlines too the
inevitability of the developing action, especially as Johannes feels it
all happens without his conscious effort—*mir schien's, als sei es kaum mein
eigenes Werk, dennoch floß es durch den Pinsel heimlich auf die Leinewand,
so daß mir selber kaum bewußt ein sinnberückend Bild entstand, wie nie zuvor
und nie nachher.*

87

28, 35. **Blust**: (arch.) *Blüte*.

30, 15. **Wisset Ihr denn auch**: Katharina's story of her ancestress is reminiscent of several of the legends in Müllenhoff's collection (e.g. LI, p. 49; CLXXXVI, p. 138; CCXLVIII, p. 180; CCCXXIV, p. 236; CCCXXXI, p. 242; CDLV, p. 340; DXCV, p. 579), although the particular features—curse, drowning, haunted spot, revenant—are of course common currency.

30, 32. **wenn nicht die kleine Hand**: Katharina's gesture is typical of the tacit admissions of love of Storm's heroines. Not in the first draft.

31, 11. **mit dreien Beinen**: archaizing usage of the inflected numeral.

31, 19. **männiglich**: "generally", "by everyone".

31, 22. **bislang**: "hitherto", "not yet".

31, 24. **frug**: *fragte*.

32, 7. **Johannis**: St. John's Day, Midsummer Day, 24 June.

32, 11. **Flechsen**: "legs", "haunches".

32, 14. **Blessur**: "wound".

32, 24. **Störtebeker**: Klaes (Klaus) Störtebeker, leader of the infamous band of pirates known as the *Vitalienbrüder*, was captured and executed in Hamburg in 1401. The name Störtebeker means a drinking-vessel with a lid. The Hamburg *Schiffergesellschaft*, founded in 1490, possessed such a *Stürzbecher*, reputedly made from the stolen silver found on the pirate's ship, on which was depicted his capture. Störtebeker was said to own a similar goblet which he carried everywhere with him. The Hamburg cup became associated with the pirate and legend had it that he had had it made from stolen church silver from Bergen in Norway. He was said to be able to empty it at one draught. Storm mentions him and his pirates again in *Renate*. Legends about him are also to be found in Müllenhoff (XXXV, p. 36).

32, 28. **Wunderfisch**: possibly a tropical flying fish. Kobes, p. 234, quotes in this connection accounts given by Adam Olearius, *Gottorfische Kunstkammer*, Schleswig, 1674, pp. 34 and 43, of strange eagle-like fish, including "die wahrhafftige Beschreibung des wunderselttzahmen Fisches, welcher am 8. Tage nach der Himmelfahrt Christi 1662. in der Elbe unfern der Stadt Hamburg ist gefangen worden".

32, 28. **Fluchten**: (Low German) *Flügel*.

32, 34. **Derohalben**: (arch.) *deshalb*.

33, 28. **Knicken**: earth-dykes planted with bushes as field divisions or windbrakes. A Schleswig-Holstein regional word.

33, 32. **das Sternenbild des Schwanes**: Cygnus, a constellation in the northern hemisphere consisting of five stars forming a cross in the Milky Way. Fabled by the Greeks to be the swan in the form of which Zeus seduced Leda.

34, 1. **der Krüger Hans Ottsen**: Storm had already used this name in *Draußen im Heidedorf*; perhaps it occurred to him to use it again in *Aquis submersus* when he read in Laß (*Hauptwerk*, p. 129) that when the tower of the church in Husum was struck by lightning on 27 April

1669 a carpenter named Hans Otzen tried to save it. **der Krüger:** the landlord of the village-inn, often called *Zum (Dorf-) Kruge.*

34, 7. **Johannisfünkchen:** "glow-worms".

34, 23. **die Tenne:** "thrashing-floor".

34, 26. **Unschlittkerzen:** "tallow candles". The faces lit up by the candles are reminiscent of those in the *Altarschrank* in the framework narrative (p. 4, l. 8).

34, 31. **Döns:** a large living-room in the Lower Saxon farmhouse. In Schleswig-Holstein it was often ornately decorated.

35, 13. **supplicirte:** "begged".

35, 14. **selbdritt:** "making a third" (round the table).

35, 27. **hazard:** a fashionable card-game.

35, 28. **Allons donc!—Dix et dame!—Dame et valet!:** "Come along then!—10 and queen!—Queen and knave!" Perhaps there is ironic significance in the combinations of cards here similar to that in Bas' Ursel's remarks on p. 22. The alterations in the first draft suggest that this was Storm's intention.

35, 36. **Speciesthaler:** a hard coin with an embossed design.

36, 1. **Glück in der Lieb:** This verse, reminiscent of the proverb "Glück in der Liebe, Unglück im Spiel", is apparently Storm's own composition, judging by the alterations in the first draft.

36, 18. **Fausti Mantel:** The legends of the sixteenth-century magician, collected together in the *Volksbücher,* were well-known in seventeenth-century Germany. The first *Faustbuch* of 1587 tells the tale of a journey made by Faust and three other young noblemen-students from Wittenberg to a wedding in Munich, borne thence through the air on Faust's cloak. The date of this escapade is given as 1525 in a later account.

38, 2. **daß meines Bleibens hier nicht fürder sei:** "that I could stay here no longer".

41, 9. **Mynheer van Dyck:** the Flemish painter Anton van Dyck (1599–1641), one of the most famous portrait painters of his time. He came to England in 1632 to become court-painter to Charles I. Storm's mention of his palace in Amsterdam is incorrect, since, although well-travelled, he never lived in Amsterdam but was a native of Antwerp.

42, 11. **Frau Venus:** This legend, the main motif of Eichendorff's *Das Marmorbild,* had already been used by Storm in *Von jenseit des Meeres* (1863/4). In this earlier *Novelle* Alfred finds the girl he loves, who is of mixed racial descent, in a moonlit garden. She reminds him of a statue of Venus which he has just seen. As Alfred asks Jenni for her hand the following conversation takes place:

,,Ich weiß wohl, daß wir schön sind," sagte sie dann, ,,verlockend schön, wie die Sünde, die unser Ursprung ist. Aber, Alfred—ich will dich nicht verlocken." . . . Sie sah zu mir empor; ihre großen glänzenden Augen waren wie ein Abgrund unter mir. ,,Ja, Jenni," und mir war, als wehe ein Schauer von den Bäumen durch mich hin, ,,du bist betörend schön; sie war nicht schöner, die dämonische Göttin, die einst der Menschen Herz verwirrte, daß sie alles vergaßen, was sie einst geliebt. Vielleicht bist du es dennoch selbst und gehst nur um in dieser seligen Nacht, um die zu beglücken, die noch an dich glauben.—Nein, reiße dich nicht los; ich weiß es ja, du bist ein Erdenkind wie ich, machtlos gefangen in deinem eignen Zauber; und wie der Nachthauch durch die Blätter weht—spurlos, so wirst auch du vergehen.—Aber schilt nicht die geheimnisvolle Macht, die uns einander in die Arme warf. Wenn wir auch willenlos das Fundament unserer Zukunft hier empfangen mußten—der Bau, den es einstens tragen soll, liegt doch in unserer Hand.''

Here Alfred shows the same sense of responsibility for the future development of his relationship with the girl he loves as does Johannes, whilst accepting that no guilt can be attached to them for the origin of their love—"wenn wir auch willenlos . . . empfangen mußten", "machtlos gefangen". The question of "Sünde" (as Storm saw it), the potential tragic conflict—whether, in view of Jenni's mixed parentage, the two are right to strive for union—is side-stepped ("Schilt nicht die geheimnisvolle Macht") and the *Novelle* ends with their happy marriage. Storm seems to have been momentarily in retreat here before his own tragic muse. He himself recognized that he had not sufficiently explored the tragic issue, and his treatment of the comparable problem in *Aquis submersus* marks a considerable advance on his road to maturity as a *Tragiker*. Although in his depiction of the statue scene in *Von jenseit des Meeres* Storm is closer to the situation in *Das Marmorbild*, in *Aquis submersus* he is nearer to Eichendorff in spirit. He commented on *Das Marmorbild*, "Die geistige Atmosphäre ist die des XVII. Jahrhunderts" in a letter to Hans Speckter, a possible choice as the illustrator of *Aquis submersus,* in 1874 (cf. Rosa Schapire, "Aus Briefen Theodor Storms an Hans Speckter", *Zeitschrift für Bücherfreunde*, N.F., vol. 2, 1910, p. 43). Eichendorff's contrast between the pagan and the Christian is present again in Johannes' references to the "heathen" goddess and the (presumably) Biblical *Hüter* (cf. note p. 42, l. 16). Perhaps his presentation of the reminiscence of Eichendorff in *Von jenseit des Meeres,* which has a nineteenth-century setting, was influenced by his reading of Turgenew (cf. K. E. Laage, *Theodor Storm und Iwan Turgenjew*, Heide, 1967, pp. 59–62).

42, 16. **O Hüter, Hüter, war dein Ruf so fern?**: The first manu-script draft contains the following poem, incomplete and obviously of Storm's own composition:

> O Hüter, Hüter, war dein (Arm) Ruf so fern,
> War unser Ohr so taub, so sprach das Herze;
> Die Stunde kam, wir haben sie gebüßt
> Es war wohl unser Ohr so gar verschlossen;
> Herr war die Nacht, es leuchtete kein Stern,

E. A. McCormick raises the question of the identity of the *Hüter*, and in his comparison of this instance with the later, almost identical cry of Johannes (p. 73, l. 6) suggests that the *Hüter* is not necessarily the same in both cases:

> Unmistakable reminiscences of the Tagelied in the one, religious imagery in the other. . . . In the former we have only the barest suggestion that Johannes is referring to God; . . . The allusion to the 'heidnische Venus', which begins the scene, points rather to the pagan spirit of the passage. (p. 115.)

Even without the context of the rest of the poem Storm's first thought of *Arm* seems to indicate that he was certainly in the first instance thinking of the *Hüter* of Bible and hymn rather than the *Wächter* of the *Tagelied*. It is tempting to recall the cry of Fortunato in *Das Marmorbild* when overwhelmed by the delights of the *Venusgarten*—"Herr Gott, laß mich nicht verloren gehen in der Welt!" With a sure instinct Storm crossed out all but the first line of his poem, and with the new punctuation this cry now seems clearly related to Johannes' second cry—"O Hüter, Hüter, war dein Ruf so fern!"—in the form of question and answer.

43, 8. **Änkel**: "ankle".

44, 21. **mit solchen Herren ist nicht sauber Kirschen essen**: "you have to watch your step with gentlemen like him".

44, 30. **Heidenhügel**: *Hünengrab*. Prehistoric graves (barrows) of which there are many in the heath-region around Husum. Storm also uses the word *Hünenhügel* for them (cf. p. 65, l. 35).

45, 14. **Ruch**: *Geruch*.

47, 13. **Gewaffen**: *Waffe*.

47, 13. **Handröhre und Arkebusen**: types of gun.

47, 20. **Radschloß**: "lock" (of gun).

47, 34. **Du wirst gewogen sein**: "you will be good enough".

49, 27. **vor ein glücklich Zeichen**: *für* . . .

50, 6. **Anständen**: "difficulties".

51, 15. **ihn . . . zu Richte setzen**: "put him in order".

52, 31. **auch halte er keinen Aufschlag mehr**: "he had no longer any contact".

53, 13. **meiner Schwester sel. Enkelin**: Johannes is here referring to the christening of his great-niece. Although she could not be the *Möddersch* of the baker (cf. p. 7, l. 20), who inherited the possessions "von ihrem Urgroßonkel, der ein Maler gewesen und vor mehr als hundert Jahren hier gewohnt hat", Storm was clearly concerned here through the choice of these two female relatives to make the continuing family line obvious, either deliberately or by a slip obscuring the existence of a generation between the two.

54, 7. **Weiser**: *Zeiger*.

54, 14. **von einer reichen Branntweinbrenner-Witwen**: Storm makes the woman into a brandy-distiller's widow. Laß (*Hauptwerk*, p. 156) mentions that brandy was introduced by the Dutch, "der ordinaire Brantwein aber in der Mitte vom 17 Seculo von einem Husumer Johann Davids genant und in der Wasser Reihe wohnend gebrant." Storm numbered brewers among his ancestors.

54, 15. **die Auferweckung Lazari**: the raising of Lazarus, John 11. Such a picture did exist in the old *Marienkirche* in Husum, and Storm would read about it in Laß (*Hanptwerk*, p. 160): "Unter Lazari Auferweckung heist es: Dem Ehrbaren Jens Topiesen, der d. 1 Nov. 1642. seeliglich in Godt entschieden/und alhier begraben/sezet seine hinterlassene Witwe Dorothea Jensens diese Grabschrift zur freundlicher und schuldiger Gedächtnisse 1642. sie ist gestorben 1669. ihres Alters 98 Jahr." The painting was by the Netherlands painter Marten von Achten in Tönning. It vanished when the church was pulled down in 1807.

54, 19. **über dem Taufsteine mit den vier Aposteln**: "Den hiesigen Tauf=Stein mit den 4 Evangelisten in Messing gegossen/hat Marcus Lüders Fürstl. Schleswig-Holsteinischer Rath und Amtsverwalter 1643. verfertigen/ und der Kirche zur Zierde setzen lassen." (Laß, *Hauptwerk*, p. 110.)

54, 20. **Herr Titus Axen**: Titus Axen was a historical personage. Laß records that he took up his post in Husum in 1641: "d. 1 April hat Titus Axen sein Canonicat zu Hamburg resigniret/und die ihm zu Husum angetragene Rahtsverwandten=Stelle angenommen." Then follows a short biography of the mayor, including his illness and death on 2 February 1662. Laß comments on him: "Er war ein redlicher Mann und Liebhaber der Husumis. Antiquitäten." (*Hauptwerk*, pp. 108–9.)

54, 21. **Thumherr**: (arch.) *Domherr*, "canon".

54, 22. **Conterfey**: "portrait".

54, 23. **Losament**: "lodging".

54, 29. **angestorben**: Johannes inherited the house on the death of his brother.

54, 32. **Pesel**: A large parlour in houses in Schleswig-Holstein used to receive guests and for family festivals and funerals. The interior is usually richly decorated with beams and panelling, ornate cupboards and wall-beds.

55, 1. **Blechgemäßen**: measuring vessels made of metal, probably pewter.

55, 12. **den Daumen gegenhalten**: "keep a tight rein on (a person)".

55, 14. **Schank**: "bar-counter".

55, 23. **Leilach**: (Low German) *Leintuch, Leichentuch*.

55, 31. **Rathswaage**: The old town weigh-house was formerly on the market-place. Cf. Gertrud Storm, *Th. St.*, I, p. 35: "Mitten auf dem Markte in einem alten, im Verfalle begriffenen Hause befand sich die Stadtwage. Auf dem leeren Platze dahinter stand früher die alte Marienkirche." The weigh-house was pulled down in 1869.

55, 32. **es war ein Donnerstag**: Thursday was the traditional market-day in Husum. From 8–12 in the morning non-residents

92

(*Gäste*) could buy and sell; if the *Griper* or market-watchman found them doing business outside these hours they had to pay *Brüchgelder*, or fines. The market regulations for 1611 are given by Laß (*Hauptwerk*, p. 85): "Daß Gast mit Gast handeln/ dahero am Wöchentl. Donnerstages Marckte/ der Usance gemäß ein Fremder von 8 bis 12. Uhr ... könne."

55, 34. **Stadtknecht**: "policeman".

55, 35. **Beischlag**: the projecting raised entrance to a house with a flight of steps. This kind of entrance was typical of the old houses in Husum.

55, 36. **Die Ostenfelder Weiber**: Probably Storm had himself seen the picturesque costume worn by the women from the rich village of Ostenfeld 12 km. to the south-east of Husum, as it was still worn in the nineteenth century. This same costume is described with humorous accuracy in *Bötjer Basch* as the "rot und gelb und blaue Staatsuniform und der weiße Lappen auf dem Kopf".

56, 36. **Gemeine**: *Gemeinde*.

57, 3. **es habe der Pastor ... wegen eines Stück Ackergrundes einmal einen Proceß gegen die Gemeine angestrenget**: Specific instances of such lawsuits were recorded at about this period; no doubt Storm, as a lawyer, would find them of particular interest.

57, 7. **Amtsvorweser**: *Amtsvorgänger*.

57, 19. **Pfennigmaler**: low quality painter taking any work he can get.

57, 24. **Beding**: *Bedingung*.

58, 2. **Priesterfuhr**: "the priest's waggon". *die Fuhr(e)* is an old word for a cart or waggon.

58, 5. **Schinderleichen**: This is a reminder that the flayer, the executioner and their assistants and families were in former times held to be "dishonourable people". In the *Kulturhistorische Skizzen* Storm discusses the "Ehrlichkeitsfanatismus" of the people of Husum in the seventeenth century and describes how ordinary people refused to assist in the burial of such "unehrliche Leute", thus causing endless worry to the authorities. His source is "ein emeritiertes Mitglied dieses Raths [the Husum town council], der Rathsverwandte und Fürstl. Gerichts-Secretarius Augustus Giese", from whose book, *Der Weh-schreiende Stein*, first published anonymously in 1687, he quotes extensively, giving Giese's own experience of the problem:

„Mir grauet noch dafür," sagt der Verfasser, „wenn ich an die Mühe und an die Sorge und an die Hertzensangst denke, die der Rath darüber in den 38 Jahren, die ich im Amte gewesen bin, mehr als über jenigem andern Dinge auf der Welt außgestanden hat."

Giese was probably the model for Johannes' brother. Laß also gives instances of such "volkstümliche Unehrlichkeitslogik", as Storm calls it. Storm took up the problem again in the unfinished *Die Armesünderglocke*.

58, 9. **es sei der Pastor ... hier ins Land gekommen**: The

93

information that the pastor came into the area as an army chaplain with the Brandenburg troops is all Storm divulges of his past life. He thus remains an enigma, as Wilhelm Jensen pointed out in his letter to Storm (cf. Gertrud Storm, *Th. St.*, II, pp. 177–8):

> Wenn ich etwas hinzuwünsche, so wäre es eine schärfere Hervorstellung des Pfarrers. Er erscheint etwas unvermittelt am Schlusse und bleibt es insofern auch, als man über die persönlichen Motive, welche ihn zur Ehelichung der Katharina veranlaßten, keine deutliche Empfindung erlangt. Ist er ein harter, jedes Gefühl tötender Sittenrichter oder au fond du cœur selbst Leidenschaft? Beides scheint und bricht den Charakter in zwei verschiedene Hälften, deren Zusammenhang sich im Lichteffekt widerstrebt, weil er selbst nirgendwo einen Schlüssel für seine herb abgeschlossene Erscheinung darbietet.

Storm himself admitted in a letter to Erich Schmidt (15 December 1882, manuscript), "daß der Pastor des zweiten Teils einmal durch den ersten hätte wandeln sollen, was eigentlich leicht zu machen war, wenn er mit Offizieren als Feldkaplan ins Schloß kam." When Storm was revising *Aquis submersus* for the 1886 edition he wrote to Paetel (13 October 1885, manuscript): "insbesondere möchte ich bei dieser Gelegenheit nachholen, was ich beim ersten Druck eigentlich nur aus Müdigkeit an der Sache unterlassen, nemlich, den finstern Pastor, der im 2ten Theil eine Rolle spielt, am Ende des 1sten Thls wenigstens flüchtig erscheinen zu lassen." Perhaps on looking again at the pastor Storm suspected that, if developed, this intriguing and potentially deeply tragic figure would inevitably draw considerable sympathy to himself, thus altering the focus and destroying the unity of the *Novelle*.

58, 17. **Klosterrechnung**: Storm no doubt had in mind here the annual audit by the governing body of church and civic dignitaries of the *St. Jürgensstift*, a foundation originally for the poor and sick. In the sixteenth century some of the inmates of the "Gasthaus zum Ritter St. Jürgen" were lodged in the Franciscan monastery of some thirty years' standing, deserted by its monks in 1527 on the advent of the Reformation to Husum. The monastery was then pulled down to make way for the building of the Husum castle and materials from it were used in the home of *St. Jürgensstift* on its present site, by the graveyard of *St. Jürgen*, where Storm is buried. The *St. Jürgensstift*, in Storm's day an old people's home, is mentioned in several of his *Novellen* and is the setting for *In St. Jürgen*. Laß gives much information about it, including the detail that "die jährliche Gasthauses Rechnung auch von dem p. t. Stadts-Secretario jährlich mit aufgenommen, revidiret und quitiret werden solte". (*Hauptwerk* p. 85.)

59, 16. **Watten**: "von der Flut bespülte Schlick- und Sandstrecken an der Nordsee" (Storm's own explanatory note to *Der Schimmelreiter*).

94

59, 21. **anno 34 bei der großen Fluth**: On the oldest maps the Bay of Husum was taken up by a large island, the "Strand". This island was destroyed by a great flood (the "Mandränke") in 1362 and a second great flood on 11–12 November 1634, which left only pieces and "Halligen" (small, lowlying undiked islands). The present islands of Nordstrand and Pellworm were reclaimed in the subsequent dyking operations. In 1652 Duke Friedrich III of Gottorf brought Dutch dyke-builders from Brabant and Holland to the region, rewarding them with many privileges. As a result, Roman Catholic congregations sprang up alongside the existing Lutheran ones (cf. p. 60, l. 27. *Hat nicht der König . . . trotzen*). In the flood of 1634 more than 6000 inhabitants out of a population of 9000 were drowned, and more than 50,000 cattle. Over 1300 houses were destroyed. Laß gives other details (*Hauptwerk*, pp. 99–101).

61, 11. **Gemeiniglich**: (arch.) *gewöhnlich*.

62, 4. **Kindelbier**: "christening feast".

62, 12. **Ehgesponsen**: (arch.) "husband".

62, 21. **die holländische Schlaguhr**: This reference to the striking clock is both a detail of period colour, since the Dutch were renowned clock-makers in the seventeenth century, and a characteristic reminder of passing time. Storm was always fascinated by clocks and they often form a significant feature of the interior decoration of the rooms in his *Novellen* (cf. *Marthe und ihre Uhr*).

62, 25. **auch unseres einzigen lieben Schwesterleins gedachten wir**: Storm's own sister had died at the birth of her first child in 1847.

63, 9. **des Glockengießers Hochzeit**: The bell-founders of Husum were famous.

63, 18. **verpurret**: (Low German) "spoiled".

63, 26. **ein grausam Spectacul**: The episode of the burning of the witch is based on the following account in Laß (*Hauptwerk*, pp. 138–40) of the judgment passed on 23 December 1687 on Margaretha Carstens, who had been found dead in prison some weeks before the execution:

In puncto criminis sortilegii oder beschuldigter Zauberey/ haben Bürger=Meister und Rath der Stadt Husum, nach vorher gehegtem peinlichen Halß=Gericht/ wie auch vorgenommener scharffen Befragung und so wol der vorher=gegangenen/ als darauf erfolgten freywilligen Bekäntniß hiemit für Recht erkant: die weilen die peinl. Angeklagtin ausser Pein und Banden nunmehro in der Güte und freywillig bekant und darauf nachgehendes beständig geblieben/ daß sie nicht allein der Berüchtigten Zauberey schuldig/ sondern auch mit dem Satan bereits im 21sten Jahre ihres Alters ein Verbündniß gemachet/ auf dessen angetragene Hülfe sich demselben völlig ergeben/ und sein eigen zu seyn versprochen/ auch nachgehends der Hülfe dieses bösen Feindes sich würcklich bedienet/ und derselben so oft sie es benöthiget genossen/ ja gar von der Zeit ihres Verbündnisses dann und wann/ und zum öftern mit ihm dem Satan unnatürl. Vermischung getrieben/ überdem Vieh umgebracht und

95

beschädiget/ und also aus denen Umständen/ von GOtt dem Allerhöchsten unmenschlicher und teuflischer Weise abgefallen/ und verlassen/ daß diesem nach dieser Margaretha Carstens peinl. Angeklagtin todter Cörper wegen solcher ihrer freywillig bekant= und begangenen Missethaten gleich als wenn sie beym Leben/ zur wohlverdienten Strafe/ als auch jezo andern zum merckl. Exempel und Abscheu von dem Scharf=Richter am gewöhnl Executions- und Richt=Platz geführt und also zur Asche verbrand werden solle. Und dieses cum Confiscatione omnium bonorum.

Storm quoted much of Laß's account in the *Kulturhistorische Skizzen* and referred to the burning again in *Renate*. Emil Kuh's criticism of the episode of the witch-burning in *Aquis submersus* is well-known. On 1 August 1876 he wrote enthusiastically to Storm about the *Novelle*, but with one reservation:

Der einzige Tadel, der sich mir aufdrängte, betrifft die Hexenverbrennung am Schlusse. Das grauenhafte Faktum kommt nicht nur unvorbereitet in die Erzählung hinein, es kommt überdies in einem Moment, wo unser ganzer Anteil auf die Krisis und Lösung des Konflikts gespannt ist. Die Phantasie wird daher plötzlich herumgerissen, wie ein im vollsten Laufe einem bestimmten Ziele zueilendes edles Roß. Für eine letzte entscheidende Lokalfarbe scheint mir der schreckliche Zwischenfall viel zu wichtig an sich und schmerzlich ablenkend von dem Hauptgegenstande. Ich bin begierig, was Sie auf diesen Einwurf zu antworten haben.

Storm did reply at length on 24 August:

In betreff der Hexenverbrennung möchte ich glauben, daß es subjektive oder zufällige Umstände sind, die Sie daran Anstoß nehmen ließen. Die Handlung wird ja dadurch gar nicht aufgehalten; zunächst ist es ja das Movens, das ihn aus der Stadt und den Prediger aus seinem Hause treibt, und dann—der Johannes geht ja wie durch eine Seitendekoration durch die Geschichte hindurch. Es ist in der That auch nur ein kulturgeschichtlicher, wie Sie wollen, Seiten=oder Hintergrund; denn da die Hexe schon bei ihrer Erwähnung tot ist, und von ihrem Geschick nicht die mindeste Rede, so kann doch—wo nicht unberechenbare Umstände im Inneren des Lesers hinzukommen—das Interesse desselben nicht wohl vom Geschick der Hauptpersonen abgelenkt werden. Auch hat sich in der That bis jetzt niemand daran gestoßen, obgleich ich nach Empfang Ihres Briefes specielle Examina angestellt habe. (*Storm-Kuh Briefwechsel*, pp. 552–3.)

Far from being out of place, the witch-burning incident contributes to our understanding of the nature and inevitability of the lovers' fate through the parallel between the "witch" and Katharina, and the juxtaposition between public spectacle and private grief, the noisy holiday crowds hurrying purposefully into town and the solitary figure of Johannes walking unsurely in the opposite direction to his reunion with Katharina. The witch-burning is discussed in detail by E. A. McCormick, pp. 107–19.

63, 29. **Fron:** (arch.) "gaoler".

63, 33. **die Buchführer-Witwe Liebernickel:** Laß (*1. Fortsetzung*, pp. 15–17) quotes a contract made by the church-wardens in Husum "mit des Buchführers Libernickels Frau Witwe aus Hamburg wegen des grün angestrichenen Bücher=Schranckens unter dem Thurm in der Husumschen Kirche". Her late husband, Godfried, a bookseller (*Buchführer*) had put up the bookstall (*Bücherschrank*).

64, 10. **Racker:** (arch.) "knacker".

64, 11. **Justification:** the carrying out of the sentence.

64, 26. **Kirchthurmhahn:** Only a few years later, on 27 April 1669, the Husum *Marienkirche* lost its weathercock when the church- tower was set on fire during a storm. Cf. note, p. 34, l. 1. *Hans Ottsen*.

64, 29. **Brotschragen:** These were bread-stalls on the market-place up aginst the church.

64, 35. **Schloßgarten:** This is the only reference to the scene of the opening paragraph of the *Novelle* now left in Johannes' manuscript.

65, 1. **Lehmkuhle:** (Low German) *Lehmgrube*.

65, 1. **wo sie den neuen Galgen hingesetzet:** The new gallows was put up in 1652 (Laß, *Hauptwerk*, p. 115).

65, 11. **O Herr, mein Gott und Christ:** This verse, which is in keeping with Johannes' own time, would appear to be Storm's composition; in the first draft the lines are differently arranged, and *Liebe* in the fourth line was originally *Gnade*.

65, 25. **Mutter Siebenzig:** This old midwife, gifted with second-sight, is a typical figure of folk-superstition; Müllenhoff gives examples of such characters.

66, 3. **nach dem kleinen Dorfe:** the village of Schobüll.

67, 6. **drei Leichlaken:** There is a folk-superstition that the "Nebelgespenst", in the form of a keening or mourning-woman, flies by night, clad in shrouds; if she settles on a house someone dies there.

68, 10. **der griechische Heidengott:** Hermes, messenger of the gods, with his staff led the souls of the dead down to the Underworld.

69, 33. **In diesem Augenblicke:** In Emil Kuh's criticism of the episode of the witch-burning in his letter to Storm of 1 August 1876 (cf. note, p. 63, l. 26) he had made a suggestion:

> Mir deucht es angemessener, den Tod des Kindes ein bißchen deutlicher zu markieren, den Schleier, der die Ehe der Mutter verhängt, um ein paar Linien zu lüften und hingegen den Hexenprozeß zu beseitigen.

In his reply of 24 August Storm showed a willingness to reconsider the scene of the child's death, although he obviously felt he had done all he could in the matter of Katharina's marriage:

> Ihre Einwendungen in puncto „Aquis" anlangend, so habe ich in

betreff des Todes des Kindes schon beim Niederschreiben das Gefühl gehabt, etwa, daß Katharina noch mehr zu dem Kinde hindrängen, er sie dann noch in dieser Hinsicht rücksichtsloser zurückhalten müßte. Ich wüßte gern, ob es eben das ist, wonach es auch Sie dabei verlangte. . . . Inwieweit ich mich in dem anderen Punkt an eine Änderung wage, hängt von meinem Können ab. Den Schleier, der über Katharinas Ehe hängt, wage ich nicht mehr zu lüften. Es ist das viel hin und her erwogen, es existiert sogar ein etwas weiter ausgeführter Schluß. Ich bin endlich aber froh, daß ich so davongekommen, und will dann der Kritik diesen Einwand überlassen.

A comparison of the various stages in the composition of the scene of the child's death is illuminating. In the first draft the child's presence as he plays alone whilst his parents talk is hardly felt, nor is Katharina's concern for his safety:

,,. . . O Gott, ist's dann noch nicht genug, daß jeder neue Tag ihm angehört!"
Sie trat ein wenig an den Rand des Gebüsches u. horchete hinaus; da höreten wir von jenseit durch die Weiden das zarte Stimmlein unseres Kindes singen.
Sie war zurückgetreten.

As Storm copied out this scene in the later manuscript the dissatisfaction he told Kuh he had felt with it obviously caused him to amplify it so that the child's presence became more apparent and Katharina's concern for his safety was expressed. After the sentence ". . . , daß jeder neue Tag ihm angehört!" there is an insertion:

In diesem Augenblick tönete ein zarter Gesang zu uns herüber.— ,,Das Kind!" sagte sie. ,,Ich muß zu ihm; es könnte ihm ein Leids geschehen!"—,,Bleib doch; es spielt ja fröhlich dort mit seinem Moose."

The draft then continues:

Sie trat an den Rand des Gebüsches und horchete hinaus. Die goldene Herbstsonne schien so warm hernieder, nur leichter Hauch kam von der See herauf. Da höreten wir von jenseit durch die Weiden das Stimmlein unseres Kindes singen:
,,Zwei Englein . . ."
Katharina war zurückgetreten . . .

This is the version which appeared in the *Deutsche Rundschau*, which Kuh would know in the proof stage. On 3 September 1876 Storm sent a post-card to Paetel (manuscript, Schleswig-Holsteinische Landesbibliothek), asking for a correction to be made to this passage. After ". . . Leids geschehen." he asked for the following:

Aber meine Sinne zieleten nur auf das Weib, das sie begehrten. ,,Bleib doch", redete ich, ,,es . . . Moose"

,,Nein, lasse mich; es ist jähling dort so still geworden!" Mit dem trat sie an den Rand des Gebüsches und horchete angstvoll mit vorgebogenem Leib hinaus.

Die güldene Herbstsonne . . . .
. . . . . herauf. Da höreten wir wieder von . . .

In the book edition only the sentence "Aber meine Sinne zieleten nur auf das Weib, das sie begehrten" was in fact added; it is not clear why. In any event, by demonstrating more obviously Johannes' "Rücksichtslosigkeit" Storm presumably finally satisfied his unhappy feelings about this scene—but loaded more of the blame away from Katharina on to the painter. The harshness of the language here—a strong contrast to that in the love-scene in the first part—indicates how bitterly Johannes feels himself to blame for the final turn events have taken.

70, 8. **Zwei Englein** . . . : The last four lines of a well-known child's evening prayer, of which Storm would know at least three "literary" versions, that in *Des Knaben Wunderhorn* (the fourth volume of which he had reviewed in 1854), the Low German version in Müllenhoff's collection (p. 520) and the version which Brentano's *Fahrender Schüler* sang as a child. Storm's version differs slightly from the other three. Particularly noteworthy is his choice of *strecken* to replace the more usual *wecken*. Was this merely a lapse of memory, or did he deliberately substitute for the notion of resurrection that of laying out a corpse, which would certainly have been more in tune with both Storm's own beliefs and with the tone of *Aquis submersus*? This song was not in the first draft, which is interesting in view of Turgenev's criticism of the *Novelle*. In a letter to Ludwig Pietsch dated 28 December 1876, announcing that Storm had sent him a copy of *Aquis submersus*, he continued:

—Die Novelle ist fein und zart; aber, um Gottes willen, wie ist es möglich, z.B. den Knaben kurz *vor* seinem Ertrinken—vom Paradies und Engeln singen zu lassen!—Das erste beste Kinderliedchen würde zehnmal mehr Wirkung machen. Zwei Fehler begehen *stets* die Deutschen, wenn sie erzählen: das leidliche [leidige] Motivieren—und die ganz vermaledeite Idealisation der Wahrheit. —Faßt die Wahrheit einfach und *poetisch* auf—das Ideale bekommt ihr obendrein.—Nein;—die Deutschen können die ganze Welt erobern;—aber das Erzählen haben sie verlernt . . . eigentlich nie recht gewußt.—Wenn der deutsche Autor mir etwas Rührendes erzählt—so kann er nicht umhin—mit dem einen Finger auf sein eigenes weinendes Auge zart hinzuweisen—mit dem anderen aber mir, dem Leser, einen bescheidenen Wink zu geben, daß Ich ja nicht das Rührobjekt unbeachtet lasse! (Laage, *Storm und Turgenjew*, p. 119.)

He repeated his opinion on 4 February 1877:

Und hätte der Knabe in der Stormschen Novelle ein solches Liedlein singen *können*, so hätte er es nicht tun *müssen*—denn der Autor kommandiert ja—und das alte Goethesche Wort bleibt ewig wahr: „Man merkt die Absicht" usw.—Deutsche Schriftsteller—meidet den Fingerzeig—sei der Finger auch noch so schön—und dessen Bewegung—noch so zart! (Laage, *Storm und Turgenjew* , p. 119.)

Karl Ernst Laage makes the following comment on these remarks:

Gegen diese Kritik gibt es einen sachlichen Einwand, den offensichtlich auch Pietsch in seinem verlorengegangenen Antwortbrief ausgesprochen hat: daß es sich bei Storm um ein solches einfaches Kinderlied—um ein Volkslied nämlich—handelt, wie Turgenjew es fordert. Andererseits muß man auch Turgenjew in gewisser Weise recht geben . . . Die symbolisierende Vordeutung auf den Tod des kleinen Johannes durch die Schlußzeilen des Liedes „Zwei Englein . . . , so mich weisen in das himmlische Paradeisen" ist tatsächlich eine „Poetisierung", die den tragischen Schluß der Novelle etwas abschwächt. (Laage, *Storm und Turgenjew*, pp. 28-9.)

The correspondence between Turgenev and Storm broke off at this point. Probably Turgenev felt that he and Storm were as writers at a parting of ways, Storm remaining, as far as the Russian writer could see, firmly in the style of the German "poetic" realists, whereas he himself was turning towards the much more "konsequent" realism of contemporary French writers (cf. Laage, *Storm und Turgenjew*, pp. 29-30).

    70, 22. **Weh mir!** . . . : This lament has been variously interpreted. Stuckert (Franz Stuckert, *Theodor Storm, sein Leben und seine Welt*, Bremen, 1955, p. 333) saw it one way: "Katharina wird in die Ehe mit einem düsteren, ungeliebten Manne gezwungen und damit an der Wurzel ihres Frauentums getroffen, in ihrem Selbstsein vernichtet." This interpretation is contradicted by other critics, who take Katharina's reference to herself as a "sinner" as a serious admission of guilt (e.g. McCormick, p. 111, n. 12). Storm himself provided no comment on this scene. He has, however, left a comparable case. In the earlier *Novelle Im Schloß* (1862) the heroine is an "Edelfräulein" in love with a young bourgeois but married to an unloved man of her own station. When taxed with the suspicion that her dead child's father was not her husband but her lover, she answers, "Leider nein!" Storm was particularly proud of this moment, and when Keil, who first published the *Novelle* in his magazine *Die Gartenlaube*, altered it without Storm's knowledge to "nein—sie logen!" he was enraged. Nearly 20 years later he still remembered this "gestohlene Stelle" and justified it anew in his diary *Was der Tag giebt* for 5 October 1881. The situation of Anna and Katharina is so similar that Storm's remarks on the one girl can throw light on an interpretation of the other:

Nach dem Charakter der Schloßherrin u. der ganzen Dichtung kann
dieß Wort aber nur dahin verstanden werden, daß sie ohne Gedanken
an daran zu knüpfende Consequenzen einen Schmerzensruf
ausstößt, daß sie in Entweihung ihres Leibes von einem ungeliebten
Mann ein Kind geboren, wobei ihr das wie Traum vorbeigegan-
gene Glück vor Augen schwebt, die Mutter eines Kindes vom
geliebten Mann zu sein. Die Worte entspringen hier aus der
Keuschheit eines reifen Weibes.

Storm's conception of "die Keuschheit des Weibes" thus remains
constant from 1862 to 1881. It seems unlikely that he would have held
a different view in 1875/6, which must have been the case if Katharina's remark is construed as meaning that her body had been
"entweiht" through bearing Johannes' child, whether his legal wife
or not. In her own eyes she was in a natural and real sense his wife.

72, 13. **vermuthendlich**: *vermutlich*.

74, 27. **eine weiße Wasserlilie**: Thea Müller comments on
Storm's substitution for the red carnation in the Drelsdorf picture of a
white water-lily,

die geheimnisvoll, schwer erreichbar, auf der schwarzen Tiefe des
Wassers ruht, schwermütig-nixenhaft, wie aus einer anderen Welt,
kalt, feucht und duftlos, aus dem Bodenlosen aufsteigend. So spielt
sie ihre Rolle in ,,Immensee", als gleiches Sinnbild der Unerreich-
barkeit, entschwundenen Glückes, das sich nur dem Auge der
Erinnerung zeigt, Totenblume der Sehnsucht. Das Reizvolle in der
Verwendung dieses Symbols liegt in ,,Aquis Submersus" darin,
daß Storm sich hier mit künstlerischem Takte aller romantischen
Abstraktion enthält, die er in ,,Immensee" durchaus verwenden
durfte, die aber in dieser Schilderung des siebzehnten Jahrhunderts
verderblich gewirkt haben würde: dem Maler kommt der tiefe Sinn
des Symbols der Blume garnicht zum Bewußtsein: er malt sie in
das blasse Händchen *als ein klein Geschenk, als erwünschet Angebinde*,
seiner Seltenheit wegen.

(*Theodor Storms Erzählung ,,Aquis Submersus", Beiträge zur deutschen
Literaturwissenschaft*, 26, Marburg 1925, p. 64.)

74, 36. **Katharina stund mir gegenüber**: This must be an over-
sight on Storm's part, since she clearly *sat* for the painting. Cf.
pp. 27, 29, 30, 31.

77, 23. **die Chronik unserer Stadt**: Storm is here referring to his
main source for the cultural and historical background of *Aquis
submersus*, Johannes Laß's *Sammelung einiger Husumischen Nachrichten*.
As well as providing much material for others of Storm's chronicle
Novellen, this collection is also mentioned in some of the "contemporary" *Novellen*. Bötjer Basch, for instance, fills the afternoons and
evenings of his lonely life by reading either "in der Laßschen Chronik
seiner Vaterstadt oder in des alten pastor primarius Melchior Krafftens
städtischer zweihundertjähriger Kirchen- und Schulhistorie", and

Laß's work must have been one of the "Chroniken von Stadt und Umgegend" on Carsten Curator's bookshelves. Storm's affection and regard for his town chronicle is surely indicated here; for the book (an heirloom in the one case at least) seems to epitomize the civic pride and consciousness of an honourable tradition which is shared by these two eminently worthy and respectable citizens.

77, 24. **nach dem Abbruch unserer alten Kirche**: On more than one occasion Storm mentions with regret the destruction of Husum's *Marienkirche* in 1807, exactly three centuries after its completion. In *Von heut und ehedem* he recalls how the church treasures were either sold or dispersed, and how the beautiful old church was shortly replaced by a new one, the one standing on the market-place today:

> an Stelle des altehrwürdigen Baues stand jetzt ein gelbes, häßliches
> Kaninchenhaus mit zwei Reihen viereckiger Fenster, einem Turm
> wie eine Pfefferbüchse und einem abscheulichen, von einem
> abgängigen Pastor verfaßten Reimspruch über dem Eingangstore,
> einem lebendigen Protest gegen alles Heidentum der Poesie.

The old church is revived in several *Novellen*, notably *In St. Jürgen*, *Renate* and *Hans und Heinz Kirch*.

77, 27. **Aquis submersus**: Storm had obvious difficulty in finding the right ending for the *Novelle*. For a full discussion of the various manuscript versions see C. A. Bernd, *Theodor Storm's Craft of Fiction*, pp. 45–53 and Appendix I. This work also makes many references to other variant readings in the text of the *Novelle*.